Omnichannel im Einzelhandel

Mark Harwardt · Ralf Haberich

Omnichannel im Einzelhandel

Grundlagen, Strategien und Best Practices für eine erfolgreiche Implementierung

Mark Harwardt
Hochschule für angewandtes Management
Unna, Nordrhein-Westfalen, Deutschland

Ralf Haberich
Shopgate GmbH
Butzbach, Hessen, Deutschland

ISBN 978-3-658-43938-5   ISBN 978-3-658-43939-2 (eBook)
https://doi.org/10.1007/978-3-658-43939-2

Die Deutsche Nationalbibliothek verzeichnet diese Publikation in der Deutschen Nationalbibliografie; detaillierte bibliografische Daten sind im Internet über https://portal.dnb.de abrufbar.

© Der/die Herausgeber bzw. der/die Autor(en), exklusiv lizenziert an Springer Fachmedien Wiesbaden GmbH, ein Teil von Springer Nature 2024

Das Werk einschließlich aller seiner Teile ist urheberrechtlich geschützt. Jede Verwertung, die nicht ausdrücklich vom Urheberrechtsgesetz zugelassen ist, bedarf der vorherigen Zustimmung des Verlags. Das gilt insbesondere für Vervielfältigungen, Bearbeitungen, Übersetzungen, Mikroverfilmungen und die Einspeicherung und Verarbeitung in elektronischen Systemen.
Die Wiedergabe von allgemein beschreibenden Bezeichnungen, Marken, Unternehmensnamen etc. in diesem Werk bedeutet nicht, dass diese frei durch jedermann benutzt werden dürfen. Die Berechtigung zur Benutzung unterliegt, auch ohne gesonderten Hinweis hierzu, den Regeln des Markenrechts. Die Rechte des jeweiligen Zeicheninhabers sind zu beachten.
Der Verlag, die Autoren und die Herausgeber gehen davon aus, dass die Angaben und Informationen in diesem Werk zum Zeitpunkt der Veröffentlichung vollständig und korrekt sind. Weder der Verlag noch die Autoren oder die Herausgeber übernehmen, ausdrücklich oder implizit, Gewähr für den Inhalt des Werkes, etwaige Fehler oder Äußerungen. Der Verlag bleibt im Hinblick auf geografische Zuordnungen und Gebietsbezeichnungen in veröffentlichten Karten und Institutionsadressen neutral.

Planung/Lektorat: Ann-Kristin Wiegmann
Springer Gabler ist ein Imprint der eingetragenen Gesellschaft Springer Fachmedien Wiesbaden GmbH und ist ein Teil von Springer Nature.
Die Anschrift der Gesellschaft ist: Abraham-Lincoln-Str. 46, 65189 Wiesbaden, Germany

Wenn Sie dieses Produkt entsorgen, geben Sie das Papier bitte zum Recycling.

Vorwort

"The digital revolution has dramatically changed customer expectations. Customers expect to have ways to address their needs anytime, anywhere, through any channel directly at their fingertips. Their expectations are no longer set by the best customer interaction within an industry but by the best customer experience in any industry. Companies such as Airbnb and Amazon set the bar.

For digital native companies the evolution of customer expectations may be business as usual. But, for companies in business prior to the digital revolution, delivering an experience that meets constantly evolving customer expectations requires massive business change."[1]

In einer Zeit, in der die Art und Weise, wie wir einkaufen, sich rasant verändert, ist das Thema Omnichannel von entscheidender Bedeutung für Unternehmen, die im Einzelhandel tätig sind. Als Einzelhandelsenthusiasten und Experten auf diesem Gebiet haben wir die Entwicklungen in der Branche aufmerksam verfolgt und sind davon überzeugt, dass die

---

[1] Accenture (2017, S. 2).

Integration verschiedener Vertriebskanäle der Schlüssel zum Erfolg im Einzelhandel in der heutigen digitalen Welt ist.

Der Einzelhandel hat sich in den letzten Jahren dramatisch gewandelt: Das Aufkommen des E-Commerce und die Verbreitung von Smartphones haben das Einkaufsverhalten der Verbraucher revolutioniert. Die Kundinnen und Kunden erwarten heute Einkaufserlebnisse, bei denen sie online recherchieren, Produkte in physischen Geschäften ausprobieren und schließlich über die von ihnen bevorzugten Kanäle kaufen können. Dieses Buch wird Ihnen einen umfassenden Einblick in die Welt des Omnichannel-Handels bieten, angefangen bei den relevanten Grundlagen bis hin zu Fallstudien und bewährten Praktiken. Sie werden verstehen, wie das Omnichannel die Art und Weise beeinflusst, wie Unternehmen operieren, wie sie die Kundinnen und Kunden ansprechen und wie sie letztendlich erfolgreich sein können.

Wir möchten uns bei all denen bedanken, die zu diesem Buch beigetragen haben – sei es durch ihre Forschung, ihre Branchenerfahrung oder ihre Leidenschaft für den Einzelhandel. Unser Ziel ist es, Ihnen ein wertvolles Werkzeug an die Hand zu geben, das Ihnen hilft, die Welt des Omnichannel-Einzelhandels zu durchdringen und idealerweise auch Erkenntnisse in den Unternehmensalltag zu integrieren. Wir hoffen, dass Sie beim Lesen dieses Buchs genauso viel lernen und ebenso inspiriert werden wie wir bei seiner Erstellung.

Unna	Mark Harwardt
Butzbach	Ralf Haberich
im Sommer 2024	

Inhaltsverzeichnis

1	**Einleitung**	1
2	**Das veränderte Kaufverhalten**	5
	2.1 Veränderung des Kaufverhaltens	6
	2.2 Definition Customer Journey	10
	2.3 Phasen einer Customer Journey	17
3	**Omnichannel**	25
	3.1 Die Evolution des Handels	25
	3.2 Definition Omnichannel	28
	3.3 Vorteile durch Omnichannel	34
	3.4 Beispiele erfolgreicher Omnichannel-Unternehmen	37
4	**Omnichannel im Einzelhandel**	41
	4.1 Kundenzentrierung als Schlüssel	42
	4.1.1 Kundenbindung	42
	4.1.2 Kundenerfahrung	44
	4.1.3 Kundenservice	51
	4.2 Die Rolle der Technologie	53
	4.2.1 Softwarelösungen	53

	4.2.2	Internet der Dinge	56
	4.2.3	Big Data	57
	4.2.4	Künstliche Intelligenz	60
	4.2.5	Virtual Reality und Augmented Reality	61
	4.2.6	Mobile, Social und Live Commerce	63
	4.2.7	Automatisierung	66
4.3	Omnichannel-Strategien im Einzelhandel		67
4.4	Herausforderungen bei der Implementierung von Omnichannel-Strategien		77
	4.4.1	Herausforderung Datenintegration und -management	77
	4.4.2	Herausforderung Technologieauswahl und -implementierung	79
	4.4.3	Herausforderung positive Kundenerfahrung	80
	4.4.4	Herausforderung Engagement des Personals	81
	4.4.5	Herausforderung Schulung des Personals	86
	4.4.6	Herausforderung kontinuierliche Optimierung und Anpassung	92
4.5	Omnichannel-Strategien im Einzelhandel: Beispiele		93
	4.5.1	Alpha Industries	93
	4.5.2	SØR	95
	4.5.3	Fallstudie Christ Juweliere und Uhrmacher seit 1863	96

5 Fazit — 99

Glossar — 105

Literatur — 111

Abbildungsverzeichnis

Abb. 1.1	Durchschnittliches Händler-Benchmarking-Scoring der GOES im Ländervergleich, 2019 und 2022. (Quelle: Eigene Darstellung nach Google, 2022, S. 6)	3
Abb. 2.1	Kaufentscheidungsprozess. (Quelle: Eigene Darstellung nach Kotler et al., 2019, S. 280)	6
Abb. 2.2	Exemplarische Customer Touchpoints. (Quelle: Deges, 2020, S. 80)	11
Abb. 2.3	Mögliche Customer Touchpoints entlang der Customer Journey. (Quelle: Kreutzer, 2021a, S. 11)	13
Abb. 2.4	Die Customer Journey nach dem AICPURA-Ansatz. (Quelle: Eigene Darstellung nach Heinemann, 2022, S. 78)	19
Abb. 2.5	Moments of Truth. (Quelle: Eigene Darstellung)	21
Abb. 3.1	Multichannel vs. Omnichannel. (Quelle: Mehn & Wirtz, 2018, S. 11)	32
Abb. 4.1	Konzepte der Kundenbindung. (Quelle: Krämer et al., 2023, S. 12)	42
Abb. 4.2	Gewinner der Google Omnichannel Excellence Study. (Quelle: Eigene Darstellung nach Google, 2022, S. 8)	46

Abb. 4.3	Arten von Kundenservices an den verschiedenen Customer Touch Points. (Quelle: Wirtz, 2022, S. 369)	52
Abb. 4.4	Umsetzungsschritte einer Omnichannel-Strategie. (Quelle: Eigene Darstellung nach Schweizer & Riedel, 2022, S. 68)	68
Abb. 4.5	Ganzheitliche Entwicklung einer Omnichannel-Strategie. (Quelle: Eigene Darstellung)	72
Abb. 4.6	8-Stufen-Modell nach Kotter. (Quelle: Eigene Darstellung nach Kaune et al., 2021, S. 7–8)	84

Tabellenverzeichnis

Tab. 4.1	Wichtige und unwichtige Faktoren für das Kundenerlebnis. (Quelle: Eigene Darstellung nach PricewaterhouseCoopers, 2018, S. 18)	48
Tab. 4.2	KI entlang der Customer Journey. (Quelle: Eigene Darstellung nach Harwardt & Köhler, 2023, S. 33–39)	62
Tab. 4.3	Systematik der Datenquellen. (Quelle: Eigene Darstellung nach Wirtz, 2022, S. 130)	78

1
Einleitung

Die Art und Weise, wie Unternehmen mit ihren Kundinnen und Kunden interagieren, hat sich aufgrund von digitaler Vernetzung und technologischem Wandel grundlegend verändert. Das Aufkommen digitaler Absatz- und Kommunikationskanäle markiert einen bedeutsamen Wendepunkt in der Geschichte des Einzelhandels. Dieses Buch widmet sich daher dem Thema Omnichannel und beleuchtet die zunehmende Bedeutung und Relevanz dieses Konzepts in einer digitalisierten Einzelhandelswelt.

Die Relevanz des Omnichannels im Einzelhandel kann kaum überschätzt werden, da es einen tiefgreifenden Einfluss auf die Art und Weise hat, wie Unternehmen agieren müssen, um erfolgreich zu sein. In einer Zeit, in der die Kundinnen und Kunden erwarten, problemlos zwischen verschiedenen Kanälen der Einzelhandelsunternehmen wechseln zu können – sei es online, offline oder mobil – müssen Unternehmen effektive Strategien entwickeln, um diesen Erwartungen gerecht zu werden. Google kommt in einer Studie zu dem Schluss, dass im Handel

86 % des Umsatzwachstums den realisierten Omnichannel-Maßnahmen zugerechnet werden können.[1]

Auch andere Studien belegen ebenfalls die Wichtigkeit des Omnichannels für die Unternehmen. So geben 73 % der Teilnehmer einer Befragung an, dass sie während ihres Einkaufes verschiedene Kanäle nutzen.[2] Eine bereits 2014 durchgeführte Studie von Google kam zu dem Ergebnis, dass 75 % der Kundinnen und Kunden, die online auch nützliche Informationen zu lokalen Geschäften finden, z. B. Preise, Verfügbarkeiten oder auch einfach nur das nächstliegende stationäre Geschäft, mit hoher Wahrscheinlichkeit auch diese Geschäfte aufsuchen werden. Außerdem wurde aufgezeigt, dass bereits 42 % der Besucher eines stationären Geschäfts parallel zum Filialbesuch Online-Recherchen durchführen, z. B. über Suchmaschinen, über die Seite des Händlers oder über die Seiten und Apps der Konkurrenz. Dabei war auffällig, dass bereits vor dem Besuch eines stationären Geschäfts 87 % der Konsumentinnen und Konsumenten mit der Informationssuche beginnen.[3] Gemäß einer Studie von Accenture erwarten 75 % der Konsumenten eine konsistente Customer Experience über alle Kanäle hinweg: Wenn die Konsumenten mehrere Kanäle zur Lösung ihrer Probleme nutzen können, z. B. den Onlineshop, eine App oder das stationäre Geschäft, dann sollte das Unternehmen es den Konsumentinnen und Konsumenten ermöglichen, bei der Suche nach einer Lösung für ihr spezifisches Problem nicht jedes Mal wieder von vorne beginnen zu müssen, wenn sie den Kanal wechseln.[4]

Auch wenn somit die Relevanz des Omnichannels eindeutig belegt ist, scheint dies in deutschen Handelsunternehmen noch nicht überall angekommen zu sein. So nehmen seit dem Jahr 2019 die Frustmomente für Konsumentinnen und Konsumenten im Handel stetig zu.[5] Ein Omnichannel-Benchmarking, das im Jahr 2022 von Google in Zusammenarbeit mit dem Handelsverband Deutschland (HDE) und dem

---

[1] Google (2022, S. 3).
[2] Sopadjieva et al. (2017).
[3] Google (2014, S. 5–16).
[4] McGlynn und Conlan (2017, S. 5).
[5] Google (2022, S. 3).

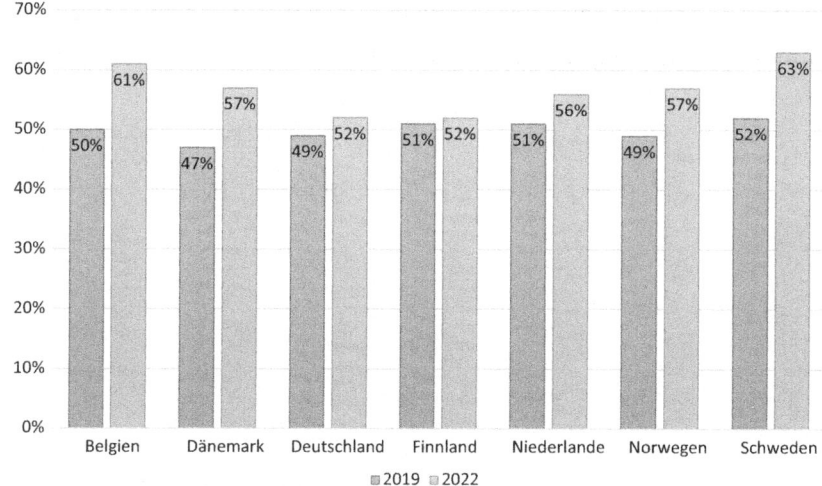

Abb. 1.1 Durchschnittliches Händler-Benchmarking-Scoring der GOES im Ländervergleich, 2019 und 2022. (Quelle: Eigene Darstellung nach Google, 2022, S. 6)

Unternehmen Pattern in sieben europäischen Ländern (Belgien, Dänemark, Deutschland, Finnland, Niederlande, Norwegen und Schweden) am Beispiel von 132 Unternehmen durchgeführt wurde, zeigt zwar von dem Jahr 2019 bis zum Jahr 2022 eine Verbesserung des Omnichannel-Angebots – dennoch hinken deutsche Unternehmen den übrigen europäischen Unternehmen (mit Ausnahme von finnischen Unternehmen) hinterher, siehe Abb. 1.1! Auch sind die erreichten Verbesserungen im Omnichannel-Angebot in Deutschland deutlich geringer als in den anderen betrachteten europäischen Ländern (erneut mit der Ausnahme von Finnland).[6]

Dieses Buch soll daher einen Weg aufzeigen, wie Einzelhändler in Deutschland sich erfolgreich dem Omnichannel zuwenden können. Dazu werden zunächst die Grundlagen von Omnichannel erläutert, bevor auf die Bedeutung von Omnichannel im Einzelhandel eingegangen wird. Dabei wird dargelegt, wie kundenzentrierte Ansätze,

---

[6] Google (2022, S. 5–6).

der Einsatz von Technologien und die praktische Umsetzung von Omnichannel-Strategien zum Erfolg führen können.

2

Das veränderte Kaufverhalten

In den letzten Jahren hat sich das Kaufverhalten tiefgreifend verändert. Diese Veränderungen wurden maßgeblich von den Fortschritten in der Technologie und der zunehmenden Digitalisierung vorangetrieben. Die Kundinnen und Kunden stehen mittlerweile vor einer breiten Palette von Möglichkeiten, um Produkte und Dienstleistungen zu suchen, zu vergleichen und zu erwerben. Die traditionellen Vertriebskanäle, wie z. B. physische Geschäfte, haben zwar für Unternehmen nach wie vor ihre Bedeutung, jedoch werden sie zunehmend um digitale Kanäle ergänzt oder substituiert: Das Aufkommen von E-Commerce-Plattformen, sozialen Medien, mobilen Anwendungen und Online-Marktplätzen hat es den Verbrauchern ermöglicht, Produkte und Dienstleistungen bequem von zu Hause oder unterwegs aus zu erwerben. Diese Vielfalt an Kanälen hat die Art und Weise verändert, wie Kundinnen und Kunden nach Informationen suchen, Produkte auswählen und letztendlich Kaufentscheidungen treffen.

In diesem Kapitel soll daher ein kurzer Überblick gegeben werden, wie sich das Kaufverhalten verändert hat. Dazu wird zunächst der klassische Kaufprozess dargelegt und anschließend aufgezeigt, wie die zunehmende Digitalisierung sich auf den Kaufprozess ausgewirkt hat.

© Der/die Autor(en), exklusiv lizenziert an Springer Fachmedien Wiesbaden GmbH, ein Teil von Springer Nature 2024
M. Harwardt und R. Haberich, *Omnichannel im Einzelhandel*,
https://doi.org/10.1007/978-3-658-43939-2_2

Anschließend wird auf den eng mit dem Kaufprozess verbundenen Begriff der Customer Journey eingegangen, indem dieser definiert und die verschiedenen Phasen einer Customer Journey exemplarisch erläutert werden.

2.1 Veränderung des Kaufverhaltens

Der Prozess der Kaufentscheidung kann in fünf grundlegende Phasen untergliedert werden. Bei diesen Phasen handelt es sich um die Wahrnehmung des Bedarfs, die Informationssuche, die Bewertung von Alternativen, die eigentliche Kaufentscheidung und das Verhalten in der Nachkaufphase (siehe Abb. 2.1).[1]

Wahrnehmung des Bedarfs

Der typische Kaufentscheidungsprozess startet, wenn ein Konsument eine Differenz zwischen seiner aktuellen Situation und einer von ihm angestrebten oder erwünschten Situation wahrnimmt. Diese Bedürfnisse

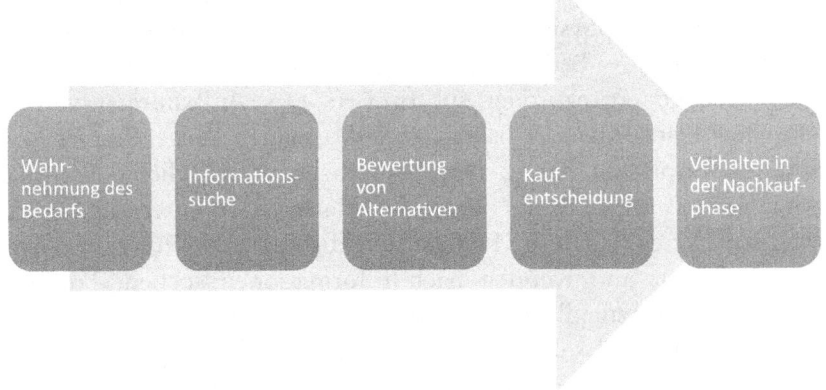

Abb. 2.1 Kaufentscheidungsprozess. (Quelle: Eigene Darstellung nach Kotler et al., 2019, S. 280)

---

[1] Kotler et al. (2019, S. 280–287).

können sowohl durch innere Stimuli, z. B. durch Hunger oder Durst, aber auch durch externe Einflüsse, z. B. durch Werbung oder Empfehlungen aus dem Freundeskreis, entstehen.

Informationssuche

Sobald ein Bedürfnis erkannt wird, startet der Konsument seine Suche nach Informationen darüber, wie er dieses Bedürfnis am besten erfüllen kann. Die Quellen für diese Informationen können vielfältig sein und reichen vom persönlichen Umfeld, wie z. B. Familie und Freunde, bis hin zu Ressourcen wie Werbeprospekten oder Testberichten.

> Ist der Kaufantrieb stark ausgeprägt und ein dazu passendes Produkt einfach zu bekommen, wird das Produkt ohne längere Suche gekauft, z. B. Zigaretten. Ist der Kaufantrieb hingegen eher schwach ausgeprägt oder das Produkt nur sehr schwer zu bekommen, z. B. ein Auto, so wird man das Bedürfnis eher im Gedächtnis behalten oder mit einer umfassenden Informationssuche beginnen.

Bewertung von Alternativen

Nachdem verschiedene Alternativen zur Bedürfnisbefriedigung nach der Informationssuche identifiziert wurden, steht die nächste Phase an: die Bewertung dieser Alternativen. Dieser Prozess beinhaltet die Analyse der einzelnen Produkte oder Dienstleistungen, bei der diese in ihre relevanten Eigenschaften aufgeschlüsselt werden. Dabei werden den verschiedenen Eigenschaften unterschiedliche Gewichtungen zugeordnet und der Nutzen in Bezug auf die Bedürfnisbefriedigung wird ermittelt. Auch das Markenimage oder die Preisgestaltung kann in diese Analyse einfließen. Es ist wichtig zu beachten, dass diese Bewertungen stark von der subjektiven Wahrnehmung des einzelnen Verbrauchers abhängen. Dies hat zu Folge, dass zwei verschiedene Personen zu völlig unterschiedlichen Einschätzungen gelangen können, was die Nützlichkeit von Produkten oder Dienstleistungen betrifft.

Kaufentscheidung

Im Anschluss erfolgt in der Regel der Erwerb des Produkts oder der Dienstleistung, die von der Konsumentin oder von dem Konsumenten als die geeignetste Alternative ermittelt wurde. Allerdings können zwei Faktoren diese Kaufabsicht noch beeinflussen:

1. **Einfluss Dritter:** Die Einstellungen und Präferenzen anderer Personen können nach wie vor Auswirkungen auf die Kaufentscheidung haben. Beispielsweise könnte der Ehepartner präferieren, ein hochwertigeres Produkt zu erwerben.
2. **Unerwartete situative Einflüsse:** Zudem können unvorhergesehene, situationsspezifische Faktoren die Kaufabsicht beeinflussen. Dies könnte der Fall sein, wenn kurz vor dem Kauf einer neuen Spielekonsole unerwartet der Kühlschrank kaputtgeht.

Verhalten in der Nachkaufphase

Wenn ein Produkt oder eine Dienstleistung die Erwartungen einer Kundin oder eines Kunden erfüllt oder sogar übertrifft, führt dies zu Kundenzufriedenheit und möglicherweise sogar zu Begeisterung. Im Gegensatz dazu kann das Versagen eines Produkts zu Enttäuschung aufseiten der Kundinnen und Kunden führen. Daher ist es von entscheidender Bedeutung, dass Unternehmen realistische Erwartungen bei ihren Kundinnen und Kunden wecken. Besonders nach größeren Anschaffungen sind Kundinnen und Kunden oft zunächst von Freude erfüllt, insbesondere weil sie die möglichen Nachteile der nicht gewählten Alternativen vermieden haben. Später jedoch können Zweifel und Unsicherheiten auftreten, ein Phänomen, das als kognitive Dissonanz bekannt ist: Die Kundinnen und Kunden beginnen, über die Vorteile nachzudenken, die ihnen aufgrund der nicht gewählten Alternativen entgangen sind.

Um die kognitive Dissonanz zu reduzieren, sollten Unternehmen proaktiv handeln. Eine Möglichkeit besteht darin, kurz nach dem Kauf Kontakt mit den Kundinnen und Kunden aufzunehmen, um ihnen zu gratulieren und Unterstützung bei Fragen oder Problemen anzubieten. Dies zeigt, dass das Unternehmen nicht nur an den Verkauf, sondern auch an der Zufriedenheit seiner Kundinnen und Kunden interessiert ist und bereit ist, eine positive Kundenbeziehung aufrechtzuerhalten. Damit können die Kundinnen und Kunden in ihrer Wahl der Alternative bestätigt werden, sodass sie ihre Kaufentscheidung weniger infrage stellen.

> Hier sollten unbedingt zwei Aspekte berücksichtigt werden: Zum einen reden sowohl zufriedene als auch unzufriedene Kundinnen und Kunden über die gemachten Erfahrungen – unzufriedene Kundinnen und Kunden sogar deutlich häufiger! Es sollte daher jede Chance genutzt werden, unzufriedene Kundinnen und Kunden in zufriedene Kundinnen und Kunden umzuwandeln. Zum anderen sollte bedacht werden, dass bei zufriedenen Kundinnen und Kunden prinzipiell die Chance auf einen Wiederholungskauf steigt, ohne dass viel Geld in Marketing- oder Kundenbindungsmaßnahmen investiert werden muss.

Veränderung des Kaufprozesses durch die Digitalisierung
Die fortschreitende Digitalisierung und die weite Verbreitung des Internets haben einen erheblichen Einfluss auf den klassischen Kaufprozess ausgeübt und ihn durch eine Fülle von Online-Angeboten erweitert. Mit der weitverbreiteten Nutzung des Internets im Alltag haben sich daher auch die Gewohnheiten der Verbraucher verändert, wobei sie vermehrt und proaktiv auf diese Online-Ressourcen zurückgreifen. Insbesondere die Phasen der Produktauswahl und der Alternativbewertung werden vermehrt ins Internet verlagert und als integraler Bestandteil des Kaufprozesses wahrgenommen. Dies zeigt sich beispielsweise durch die verstärkte Nutzung von Suchmaschinen und Preisvergleichsportalen.[2]

Nach der Entscheidung für einen Kauf stehen den Kundinnen und Kunden verschiedene Optionen zur Verfügung, um diesen abzuschließen. Online bieten sich mittlerweile diverse Wege an, darunter Marktplätze, Apps und Onlineshops. Aber auch auf sozialen Netzwerken wie Pinterest oder Suchmaschinen wie Google sind mittlerweile direkte Kaufmöglichkeiten verfügbar. In einem Onlineshop, einer App oder auf einem Marktplatz sind oft zusätzliche Elemente vorhanden, die darauf abzielen, die Kaufentscheidung zu beeinflussen. Dazu gehören die Hervorhebung von Produktdetails, die Platzierung von Kundenbewertungen und die Kommunikation großzügiger Rückgabemöglichkeiten.

Auch das Kundenverhalten nach dem Kauf kann online beeinflusst werden, z. B., indem ein Onlineshop einfache Kontaktmöglichkeiten und Hilfestellungen anbietet, insbesondere mit Blick auf

---

[2] Deges (2020, S. 76–77).

häufig zeitaufwendige Retouren. Ein unkomplizierter und reibungsloser Rückgabeprozess, der eine schnelle Rückerstattung des Kaufpreises einschließt, kann dazu beitragen, sogar enttäuschte Kundinnen und Kunden wieder zufriedenzustellen.

2.2 Definition Customer Journey

Wie die Ausführungen im vorherigen Abschnitt aufgezeigten haben, bieten sich Unternehmen nun vielfältige Möglichkeiten, mit ihren Kundinnen und Kunden zu interagieren (siehe Abb. 2.2). Dabei kommt dem Smartphone eine besonders hohe Bedeutung zu, weil es fest in den Alltag der meisten Konsumentinnen und Konsumenten integriert ist und zusätzlich auch einige interessante Möglichkeiten zur Interaktion bietet, z. B. mithilfe von Apps oder Push-Notifications. Aber auch Möglichkeiten zur Interaktion mit den Kundinnen und Kunden wie beispielsweise digitale Sprachassistenten gewinnen an Bedeutung, da über sie beispielsweise Produkte bestellt oder Informationen wiedergegeben werden können. Diese verschiedenen Berührungspunkte einer Kundin oder eines Kunden mit einem Unternehmen werden Customer Touchpoints oder auch vereinfacht nur Touchpoints genannt.

> Für viele Konsumentinnen und Konsumenten ist es mittlerweile zur Gewohnheit geworden, dass man sich über ein Produkt zunächst in einem Laden informiert, um es hinterher zuhause online zu bestellen. Auch der eingangs erwähnte Kaufimpuls kann ganz unterschiedlich ausgelöst werden: Dominierten vor einigen Jahren noch klassische bzw. traditionelle Customer Touchpoints wie Print-, Radio- und Fernsehwerbung als Impulsauslöser für einen Kauf, so werden diese zunehmend durch Online-Instrumente ersetzt, z. B. durch Influencer-Marketing, Display-Ads oder Social-Media-Posts des Unternehmens.

Customer Touchpoints können in unternehmenseigene und unternehmensfremde Customer Touchpoints unterteilt werden.[3]

---

[3] Kreutzer (2021a, S. 19–20).

2 Das veränderte Kaufverhalten

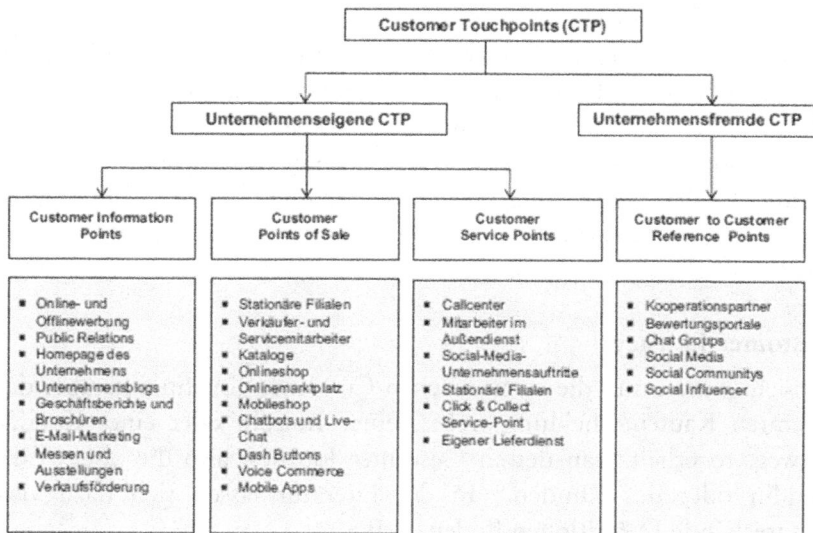

Abb. 2.2 Exemplarische Customer Touchpoints. (Quelle: Deges, 2020, S. 80)

Unternehmenseigene Customer Touchpoints liegen im direkten Einflussbereich des Unternehmens und werden von diesem betreut, z. B. der eigene Onlineshop des Unternehmens. Diese unternehmenseigenen Customer Touchpoints können in verschiedene Kategorien unterteilt werden, wobei einzelne Customer Touchpoints auch mehreren Kategorien zugeordnet werden können:[4]

- **Customer Information Points**: Customer Touchpoints dieser Kategorie stellen insbesondere in der Vorkaufsphase Informationen zur Verfügung, z. B. die Unternehmenswebseite oder Online- und Offline-Werbung.
- **Customer Points of Sale**: Diese Kategorie von Customer Touchpoints widmet sich dem reinen Verkauf der Produkte und Dienstleistungen, z. B. ein Onlineshop.
- **Customer Service Points**: Hier steht die Erbringung von Pre- und After-Services im Fokus, z. B. ein Callcenter.

---

[4] Wirtz (2013, S. 83).

Wie bereits erwähnt wurde, können Konsumentinnen und Konsumenten jedoch auch über unternehmensfremde Customer Touchpoints mit einem Unternehmen in Berührung kommen, die durch das Unternehmen nicht oder nur gering beeinflusst werden können. Dazu gehören auch die sogenannten **Customer to Customer Reference Points**, die sich insbesondere aus dem Austausch und der Kommunikation von Konsumentinnen und Konsumenten ergeben, z. B. in Form von Postings in den sozialen Medien.[5]

Customer Journey
Betrachtet man nun die verschiedenen Customer Touchpoints über den gesamten Kaufentscheidungsprozess einer Kundin oder eines Kunden hinweg, so erhält man dessen Customer Journey, also die „Reise" der Kundin oder des Kunden.[6] In der Literatur lassen sich dazu viele entsprechende Definitionen finden, z. B.:

„Die Customer Journey beschreibt die einzelnen Zyklen beziehungsweise die Reise, die ein Kunde durchläuft, bevor er sich für den Kauf eines Produktes entscheidet. Aus Sicht des Marketings bezeichnet die Customer Journey alle Kontaktpunkte, sogenannte Touchpoints, eines Kunden mit einem Produkt."[7]

„Verbindet man die einzelnen Kontaktpunkte mit den Phasen des Kaufentscheidungsprozesses, so entsteht von der ersten Kontaktaufnahme über den Abschluss des Kaufvertrags bis zum Empfang des bestellten Produktes eine Customer Journey (Kundenreise). Diese erweitert sich gegebenenfalls noch über den Kaufabschluss hinaus durch die Inanspruchnahme von After-Sales-Serviceleistungen und die (positiven oder negativen) Erfahrungen mit der Retournierung von Warensendungen."[8]

„Die Customer Journey (Kundenreise), manchmal auch Buyer's oder User's Journey genannt, beschreibt die einzelnen Schritte, die ein Kunde hin zu seiner Kaufentscheidung durchläuft. Aus operativer Marketingsicht

---

[5] Deges (2020, S. 80); Wirtz (2013, S. 83).
[6] Deges (2020, S. 81).
[7] Kruse Brandão und Wolfram (2018, S. 95).
[8] Deges (2020, S. 81).

umfasst die Customer Journey alle Berührungspunkte (Touchpoints) des Kunden über alle Kommunikationskanäle hinweg mit dem Produkt oder der Dienstleistung des Unternehmens."[9]

Touchpoint-Hopping

Entlang einer Customer Journey bieten sich der Kundin oder dem Kunden mittlerweile oftmals viele Möglichkeiten, mit einem Unternehmen zu interagieren, z. B. über den Onlineshop oder den Social-Media-Auftritt eines Unternehmens, über Online- und Offlinewerbung oder auch über Kataloge und stationäre Geschäfte (siehe Abb. 2.3). Zwar werden nicht alle Kundinnen und Kunden diese verschiedenen Kanäle und Touchpoints vollständig nutzen, jedoch zeichnet sich ein wachsendes Channel- und Touchpoint-Hopping ab. Von Touchpoint-Hopping wird gesprochen, wenn die Kundinnen und Kunden je nach Präferenz zwischen den verschiedenen Touchpoints hin und her wechseln.[10]

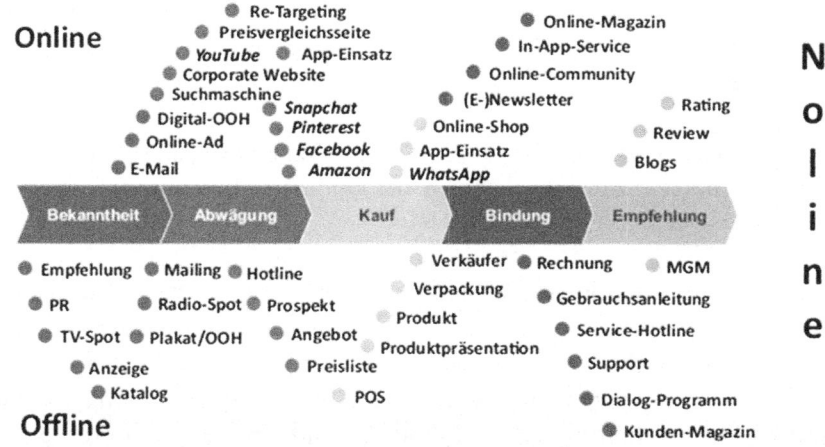

Abb. 2.3 Mögliche Customer Touchpoints entlang der Customer Journey. (Quelle: Kreutzer, 2021a, S. 11)

---

[9] Hopf (2021, S. 5).
[10] Padberg (2020, S. 190).

Channel-Hopping

Als Kanäle hingegen werden die verschiedenen Vertriebs- und Kommunikationswege bezeichnet, die ein Unternehmen verwendet, um mit seinen Kundinnen und Kunden in Interaktion zu treten und Produkte oder Dienstleistungen anzubieten. Entsprechend dieser Definition können einem Kanal verschiedene Customer Touchpoints zugeordnet werden, z. B. der Onlineshop und eine App dem Online-Kanal eines Unternehmens. Die Kundinnen und Kunden wechseln inzwischen vermehrt zwischen den verschiedenen Vertriebs- und Kommunikationskanälen eines Unternehmens, sodass man hier von Channel-Hopping sprechen kann.[11]

Der Kunde bekommt durch die vielen Kanäle eines Unternehmens vielfältige Möglichkeiten geboten, gemäß seinen Präferenzen in die Customer Journey einzusteigen, z. B. mithilfe des Smartphones abends von der Couch. Unternehmen müssen somit der Customer Experience über die verschiedenen Kanäle und Touchpoints höchste Aufmerksamkeit zukommen lassen, da bereits eine negative Erfahrung an einem Customer Touchpoint dazu führen kann, dass ein Kunde das Unternehmen in seinem Kaufentscheidungsprozess nicht mehr weiter berücksichtigt:

> „Jeder Touchpoint muss heute eigenständig funktionieren, also Awareness generieren, die Marke transportieren, das Produkt erklären und im besten Fall noch eine Bezugsquelle anbieten".[12]

Ausgesprochen wichtig ist die Analyse dieser Verhaltensweise und damit auch die proaktive Messung einer solchen Kundenreise. Hierzu bieten sich auch die Methoden der Business Intelligence an, da durch Business Intelligence die geschäftsumfassende und übergreifende datengestützte Informationsbeschaffung ein vollständiges Bild einer Kundin oder eines Kunden darstellen kann.[13]

---

[11] Heinemann (2022, S. 362).
[12] Kruse Brandão und Wolfram (2018, S. 97).
[13] Haberich (2012, S. 54).

Customer Touchpoints und Customer Experience

Die Customer Experience (CX) ist die Gesamtheit aller Erfahrungen, die eine Kundin oder ein Kunde mit einem Unternehmen und seinen Produkten oder Dienstleistungen macht. Diese Erfahrungen umfassen daher jeden einzelnen Customer Touchpoint, den der Kunde mit dem Unternehmen hat, sei es online oder offline. Im Sinne einer positiven Customer Experience sollten daher mit Blick auf die Customer Touchpoints die folgenden Punkte erfüllt sein:[14]

- **Thematischer Zusammenhang**: Einer Kundin oder einem Kunden wird über die verschiedenen Consumer Touchpoints ein zusammenhängendes Bild im Sinne einer Markenidentität und dem damit verbundenen Markenversprechen präsentiert. Wenn sich z. B. ein Sportartikelhersteller als Förderer des Breitensports versteht, dann sollte dies auch auf möglichst allen Customer Touchpoints sichtbar sein.
- **Konsistenz über alle Customer Touchpoints hinweg**: Alle Customer Touchpoints folgen einheitlich der Corporate Identity, sodass den Kundinnen und Kunden über die verschiedenen Customer Touchpoints ein einheitlicher Auftritt geliefert wird.
- **Kontextsensitivität der Customer Touchpoints**: Die verschiedenen Customer Touchpoints sind passgenau auf den Kontext ausgerichtet, in dem der jeweilige User diese üblicherweise einsetzen wird, z. B. sollte eine App für Stilberatung im Fashion-Bereich entsprechende Funktionalitäten bereithalten und Inspirationen liefern.
- **Konnektivität der Customer Touchpoints**: Es sollte ein möglichst reibungsloser Wechsel zwischen den verschiedenen Customer Touchpoints ermöglicht werden, z. B. beim Wechsel von einer App in den Onlineshop.

---

[14] Homburg et al. (2017, S. 389–391); Meffert et al. (2019, S. 128–129).

Die Grenzen zwischen Online- und Offline-Welt schwinden

Dabei sollte insbesondere auch bedacht werden, dass die Kundinnen und Kunden inzwischen bei der Nutzung der Offline- und Online-Touchpoints kaum noch zwischen einer Online- und Offline-Welt differenzieren. Sie nehmen das Unternehmen stattdessen unabhängig der verschiedenen Kanäle als Ganzes wahr.[15] Für die heutigen Kundinnen und Kunden beispielsweise ist es daher absolut unverständlich, wenn man bei einem Online-Einkauf über den Onlineshop ein 14-tägiges Widerrufsrecht hat, während man bei einem stationären Einkauf auf Kulanz des Verkäufers oder der Verkäuferin angewiesen ist. Eine ganzheitliche Betrachtung der Customer Journey ist somit dringend erforderlich.

Die optimale Gestaltung der Customer Journey wird sich in den kommenden Jahren mehr und mehr zu einem strategischen Wettbewerbsvorteil der Unternehmen entwickeln und somit entscheidend für die Überlebensfähigkeit eines Unternehmens sein.[16] Unternehmen sollten daher auch die Erfolgswirkung ihrer vielen unterschiedlichen Customer Touchpoints einschätzen können. Hier kommt es jedoch oft zu Problemen: Es ist für Unternehmen oftmals kaum möglich einzuschätzen, welcher der vielen Customer Touchpoints den entscheidenden Kaufimpuls ausgelöst haben: Besucht ein Kunde beispielsweise den Onlineshop, den Social-Media-Auftritt und kauft anschließend ein Produkt in einem stationären Geschäft des Unternehmens, so bleibt für das Unternehmen unklar (solange der Kunde nicht direkt befragt), welcher Customer Touchpoint den Kaufimpuls ausgelöst hat. Auch der einzelne Beitrag der verschiedenen Customer Touchpoints zum Kauf des Produkts kann nicht exakt bestimmt werden. Hierbei ist es relevant, ein passendes Attributionsmodell zu definieren, da dies einen wichtigen Einfluss auf die zukünftige Budgetallokation der einzelnen (Werbe-)Kanäle hat.[17]

---

[15] Kreutzer (2021a, S. 10–11).
[16] Zöller (2019, S. 176).
[17] Haberich (2012, S. 342).

2.3 Phasen einer Customer Journey

Viele Prozessmodelle des Kaufentscheidungsprozesses unterteilen diesen nicht wie in Abschn. 2.1 in fünf verschiedene Phasen, sondern sie orientieren sich lediglich an drei verschiedenen Phasen: die Vorverkaufsphase, die Kaufphase und die Nachkaufphase.[18] Dieser simplifizierten Betrachtungsweise schließen sich viele Modelle der Customer Journey an, sodass sich folgende Betrachtungsweise ergibt:[19]

- **Vorkaufsphase**: Diese erste Phase umfasst sämtliche Interaktion der Kundinnen und Kunden mit der Marke, der Produktkategorie und der Umgebung vor einer Kauftransaktion. Somit wird in dieser Phase die komplette Kundenerfahrung vor einem Kauf betrachtet: die Erkennung eines Bedarfs, die Suche nach Möglichkeiten zur Befriedigung des Bedarfs und die Berücksichtigung verschiedener Alternativen.
- **Kaufphase**: Die zweite und zeitlich kürzeste Phase beinhaltet alle Interaktionen der Kundin oder des Kunden während des eigentlichen Kaufvorgangs. Dabei handelt es sich vor allem um die Auswahl des passenden Produktes, die Bestellung des Produkts und schließlich um die Bezahlung.
- **Nachkaufphase**: Gegenstand dieser letzten Phase sind die Interaktionen der Kundin oder des Kunden mit der Marke und ihrer Umgebung nach dem Kauf. Elemente dieser Phase sind deshalb Verhaltensweisen der Käufer wie beispielsweise die Nutzung des Produkts sowie Weiterempfehlungen, ihre Kommentare in sozialen Medien und die Beanspruchung von Serviceleistungen.

AICPURA: Awareness, Interest, Consideration, Purchase, Retention und Advocacy

In der Literatur existieren selbstverständlich jedoch auch Modelle, die feingliedriger sind und auf bis zu sieben verschiedenen Phasen der

---

[18] Meffert et al. (2019, S. 124).
[19] Lemon und Verhoef (2016, S. 76).

Customer Journey eingehen.[20] Eines dieser Modelle ist das AICPURA-Modell, das hier exemplarisch vorgestellt werden soll. Das AICPURA-Modell baut auf dem aus dem Marketing bekannten AIDA-Modell auf, das zur Erklärung der Werbewirkung entwickelt wurde. Dabei durchläuft eine Kunde auf dem Weg zum Kauf vier Phasen:[21]

1. **Awareness**: Nach diesem Modell muss zunächst die grundsätzliche Aufmerksamkeit beim potenziellen Käufer erregen, z. B. durch auffallende Werbemittel.
2. **Interest**: Anschließend muss das Interesse für das Produkt geweckt werden, z. B. indem Einsatzmöglichkeiten des Produkts demonstriert werden.
3. **Desire**: Wenn das Interesse geweckt wurde, muss das Verlangen nach diesem Produkt im Bewusstsein der Kundin oder des Kunden verankert werden, z. B. durch Darlegung der Vorteile, die durch die Nutzung des Produkts entstehen.
4. **Action**: Der Kunde kauft letzten Endes das Produkt.

Auf Basis des AIDA-Modells wurde nun das AICPURA mit sechs verschiedenen Phasen entwickelt: Awareness, Interest, Consideration, Purchase, Retention und Adocacy (siehe Abb. 2.4). Dieses Modell berücksichtigt dabei die verschiedenen Möglichkeiten der digitalen Customer Touchpoints, die Nutzung von Produktempfehlungen und -bewertungen sowie das Kundenverhalten in der Nachkaufphase:[22]

1. **Awareness**: Wie bei dem vorgestellten AIDA-Modell muss auch hier zunächst die generelle Aufmerksamkeit der Kundin oder des Kunden für ein Unternehmen und seine Produkte gewonnen werden, z. B. durch verschiedene Offline- oder Online-Werbemaßnahmen.
2. **Interest**: In dieser Phase macht sich der Kunde auf die Suche nach Produkten, die ihm bei der Bedürfnisbefriedigung helfen können. Das Interesse für das Produkt muss daher geweckt und es muss

---

[20] Hamilton et al. (2021, S. 70).
[21] Bruhn (2019, S. 214).
[22] Heinemann (2022, S. 77).

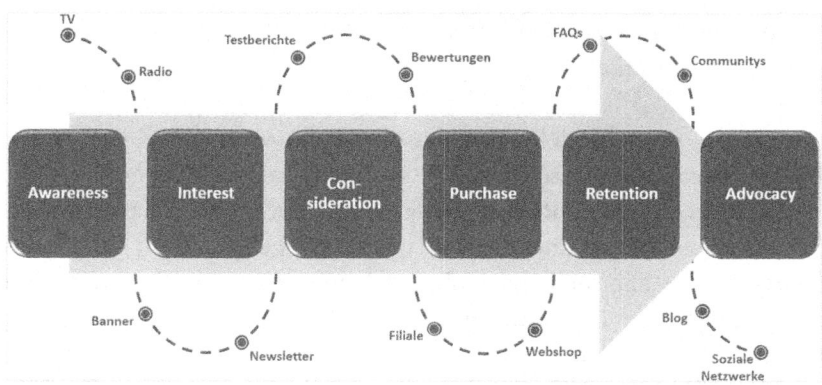

Abb. 2.4 Die Customer Journey nach dem AICPURA-Ansatz. (Quelle: Eigene Darstellung nach Heinemann, 2022, S. 78)

der Kundin oder dem Kunden aufgezeigt werden, dass das betrachtete Produkt bei der Bedürfnisbefriedigung helfen kann, z. B. per Newsletter, Suchmaschinen- oder Banner-Werbung.

3. **Consideration**: Der Konsument hat mehrere Unternehmen und Produkte recherchiert, die ihm bei der Bedürfnisbefriedigung nützlich sein können. Diese werden anschließend miteinander verglichen, wobei insbesondere der Meinung anderer eine hohe Bedeutung zukommt, z. B. Testberichten und Produktempfehlungen aus dem Bekannten- und Freundeskreis.
4. **Purchase**: Der Kunde hat sich nun für ein Produkt entschieden und will es daher nun auch kaufen. Der Kaufprozess sollte dem Interessenten so einfach wie nur möglich gemacht werden und auf dessen bevorzugten Kanälen möglich sein, z. B. in einem Onlineshop.
5. **Retention**: In dieser Phase beginnt der Kunde, das Produkt zu nutzen. Unternehmen sollten deshalb in dieser Phase in die Kundenbindung investieren, um Weiterempfehlungen und Wiederholungskäufe zu generieren, z. B. durch FAQs, Online-Services oder Communities für den Erfahrungsaustausch. Für Unternehmen kann dies große Vorteile mit sich bringen, da die Akquirierung von Neukunden im Regelfall mit hohen Kosten verbunden ist.
6. **Adocacy**: Wenn die Kundenbindung geglückt ist, können sich die Kundinnen und Kunden zu Fürsprechern des Unternehmens

entwickeln und ihre Erfahrungen teilen, z. B. über Blogs oder über soziale Netzwerke.

Auch wenn viele Modelle der Customer Journey meist eine lineare Abfolge der Phasen suggerieren, so kann nicht zwangsläufig von einem linearen Zusammenhang ausgegangen werden.[23] Phasen können beispielsweise übersprungen, was in der Regel sehr oft bei Spontankäufen oder habitualisierten Bedarfskäufen wie z. B. bei Lebensmitteln geschieht, da hier aufgrund von Erfahrungen meist das gleiche Produkt erneut gekauft wird. Es sind aber auch Rücksprünge zu vorherigen Phasen möglich, z. B. wenn keines der ausgesuchten Produkte aufgrund von Empfehlungen des Freundeskreises oder aufgrund von Testberichten überzeugen kann und man erneut mit der Produktsuche beginnt. Es können folglich auch unterschiedliche Längen der Customer Journey vorliegen, insbesondere wenn bei hochpreisigen Produkten möglichst jede Unsicherheit ausgeschlossen werden soll.[24]

Moments of Truths

Im Laufe einer Customer Journey lassen sich verschiedene bedeutsame Zeitpunkte identifizieren. Diese werden Moments of Truth („Momente der Wahrheit") genannt, weil hier die Erwartungen mit den tatsächlichen Gegebenheiten abgeglichen werden:[25]

- **First Moment of Truth**: Dieser erste Moment kennzeichnet den Augenblick, indem der Kunde ein Produkt zum ersten Mal physisch begutachten kann. Dabei findet ein Abgleich zwischen den Erwartungen, die z. B. durch Werbung aufgebaut wurden, und dem tatsächlichen Produkt statt.
- **Second Moment of Truth**: Die Kundin oder der Kunde hat das Produkt bewertet und gekauft, sodass er es nun nutzen kann. Auch hier wird wieder abgeglichen, nämlich die Erfahrungen der Produktnutzung mit den Erwartungen der Kundin oder des Kunden, die sich

---

[23] Meffert et al. (2019, S. 126).
[24] Deges (2020, S. 81).
[25] Kreutzer et al. (2017, S. 167–169); Kruse Brandão und Wolfram (2018, S. 92–93).

insbesondere auch aus den Erfahrungen des First Moment of Truth ergeben haben.
- **Third Moment of Truth**: Hier berichten die Käufer des Produkts in den sozialen Medien oder in Gesprächen mit Freunden und Bekannten von den bei der Nutzung gemachten Erfahrungen. Dieser Third Moment of Truth wird für Unternehmen immer bedeutender, weil von diesen Berichten eine hohe Glaubwürdigkeit ausgeht und viele potenzielle Neukunden Zugriff auf diese Erfahrungsberichte haben. Aufgrund seiner immensen Bedeutung wird dieser Moment auch **Ultimate Moment of Truth** genannt.

Diese Aufzählung bedeutender Momente kann noch um den **Zero Moment of Truth** erweitert werden (siehe Abb. 2.5). Der Zero Moment of Truth umfasst alle Online-Aktivitäten, bei denen sich ein Konsument über ein Produkt informiert, das er kaufen möchte, z. B. mithilfe einer Onlinesuche.[26] Der Konsument kann dabei von den Erfahrungen anderer partizipieren, noch bevor er sich selbst intensiv mit dem Produkt vertraut gemacht hat.[27]

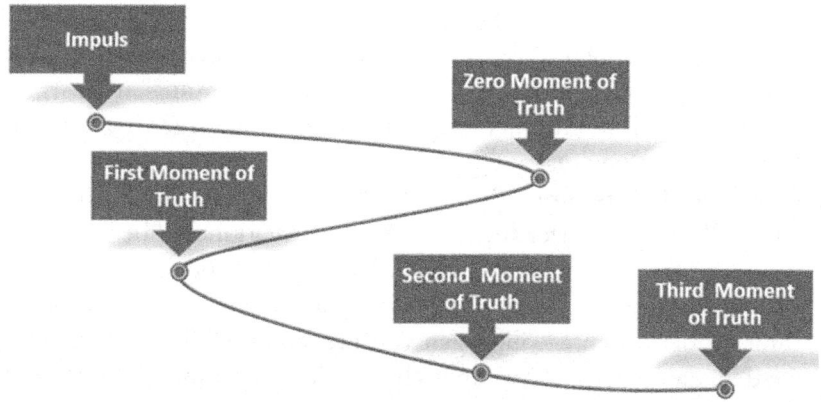

Abb. 2.5 Moments of Truth. (Quelle: Eigene Darstellung)

---

[26] Lecinski (2011, S. 10).
[27] Kreutzer et al. (2017, S. 168).

Muster von Customer Journeys

Wolny und Charoensuksai (2014) kommen in ihrer durchgeführten Studie zu dem Schluss, dass es zwar aufgrund der vielen Möglichkeiten, mit einem Unternehmen zu interagieren, mittlerweile Myriaden von unterschiedlichen Customer Journeys gibt, diese sich aber drei grundsätzlichen Mustern unterwerfen:[28]

1. **Impulsive Customer Journeys**: Hier verbringt ein Kunde grundsätzlich wenig Zeit mit der Informationssuche. Stattdessen verlässt er sich überwiegend auf frühere Erfahrungen, Empfehlungen von Freunden oder Produkttests/-proben. Kundinnen und Kunden, die diesem Muster folgen, fühlen sich oftmals überfordert, wenn sie großen Datenmengen ausgesetzt sind, die sie für eine Entscheidung nutzen sollen. Sie sind daher sehr empfänglich für anregende Produktdarstellungen, die ihnen eine umfangreiche Informationssuche zu Produkten ersparen.
2. **Balanced Customer Journeys**: Freunde, Influencer und Prominente, aber auch traditionelle Medien können Auslöser dieses Musters einer Customer Journey sein. Kennzeichnend für dieses Muster ist eine umfassende Recherche- und Beurteilungsphase. Es ist deshalb nicht ungewöhnlich, dass Rechercheergebnisse auch mithilfe unterschiedlicher Quellen und auf unterschiedlichen Kanälen überprüft werden. Die Kaufentscheidung wird somit im Gegensatz zu einer Impulsive Journey rational getroffen.
3. **Considered Customer Journeys**: Dieses Muster ist durch eine lange Phase gekennzeichnet, in der Informationen über Produkte gesammelt werden, auch wenn ein Konsument noch kein konkretes Bedürfnis festgestellt hat, z. B. durch das Lesen von Produktbewertungen oder durch Erzählungen von Freunden. Diese Informationen werden dann genutzt, wenn sich bei der Konsumentin oder dem Konsumenten ein konkretes Bedürfnis manifestiert. Hier kommt somit dem Zero Moment of Truth eine hohe Bedeutung zu.

---

[28] Wolny und Charoensuksai (2014, S. 321–324).

Showrooming und Webrooming

Während dieser verschiedenen Muster einer Customer Journey lassen sich Showrooming und Webrooming beobachten. Beim Showrooming wird ein Produkt zunächst in einem stationären Geschäft begutachtet und anschließend online z. B. im Onlineshop gekauft. Viele Konsumentinnen und Konsumenten versuchen durch diese persönliche Begutachtung des Produkts, das Risiko eines Fehlkaufs abzuschwächen. Dies gilt umso mehr, wenn bestimmte physische Produkteigenschaften wichtig sind oder wenn ein Umtausch später nicht möglich ist, z. B. bei Hygieneprodukten.

Beim Webrooming verhält es sich umgekehrt: Dort werden Produkte erst online ausgewählt und anschließend stationär gekauft. Dies passiert beispielsweise, wenn vor Ort verschiedene Produkte noch einmal miteinander verglichen werden sollen.[29]

---

[29] Wolny und Charoensuksai (2014, S. 324).

3

Omnichannel

In den letzten Jahren hat sich der Begriff Omnichannel verstärkt in der Einzelhandelsbranche etabliert. Doch was verbirgt sich konkret dahinter, und welche entscheidende Bedeutung hat er für gegenwärtige und zukünftige Geschäftsmodelle? Dieses Kapitel widmet sich ausführlich den Grundlagen des Omnichannels, indem es eine präzise Definition liefert und eine Abgrenzung zu anderen Konzepten vornimmt. Dabei werden auch die Vorteile hervorgehoben, die durch die Implementierung eines Omnichannel-Ansatzes realisiert werden können.

3.1 Die Evolution des Handels

Die Geschichte des Omnichannels ist eng mit der Entwicklung des Einzelhandels und der Entstehung neuer Technologien verknüpft. Die Nutzung unterschiedlicher Kanäle konnte bereits früh im Handel beobachtet werden, indem Händler die Bedeutung einer kundenorientierten Herangehensweise erkannten, um ihren Kundenstamm zu erweitern und ihre Geschäfte zu fördern. So begannen beispielsweise im 19. Jahrhundert insbesondere in den USA Unternehmen, Kataloge an ihre Kundinnen und Kunden auszugeben. Diese Form des Versandhandels ermöglichte es den Kundinnen und Kunden, Produkte per Katalog zu bestellen und an ihre Heimatadresse liefern zu lassen, ohne dabei physisch im Geschäft anwesend sein zu müssen. Bekannte Beispiele hierfür aus Deutschland sind oder waren Quelle, Otto oder Neckermann.

Das Internet als zusätzlicher Verkaufskanal
In den 1990er Jahren führte das Aufkommen des Internets und die Entwicklung von E-Commerce-Plattformen wie z. B. Amazon zu grundlegenden Veränderungen im Handel. Online-Shopping wurde zunehmend beliebter und bot den Kundinnen und Kunden neben den bis dahin genutzten Verkaufskanälen wie den stationären Geschäften oder dem Katalog eine weitere Möglichkeit, Produkte zu kaufen. Folglich begannen auch Unternehmen, diese neuen Möglichkeiten für sich zu nutzten und als weiteren Verkaufskanal in ihr Unternehmen zu integrieren. Allerdings waren diese Kanäle in der Regel separat voneinander organisiert und folgten zum Teil auch unterschiedlichen Geschäftsmodellen.

Omnichannel als logische Weiterentwicklung
Die Idee des Omnichannel entstand als Reaktion auf die zunehmende Verbreitung digitaler Technologie wie z. B. dem Smartphone und auf die rasante Veränderung des Einkaufsverhaltens der Kundinnen und Kunden. Im Laufe der Zeit wuchs die Erwartungshaltung der Kundinnen und Kunden, indem sie immer weniger bereit waren, Kanalunterschiede zu akzeptieren. Dies betraf beispielsweise die Einhaltung der Corporate Identity auf den verschiedenen Kanälen oder auch identische Preise unabhängig vom gewählten Kanal. Zusätzlich wurde es immer schwerer vermittelbar, warum Kundendaten nicht auf allen Kanälen verfügbar waren: Kaufte ein Kunde ein Produkt in einem Onlineshop, so war es nicht unüblich, dass diese Bestellungen für Mitarbeiter und Mitarbeiterinnen in den Filialen nicht einsehbar waren. Dies war insbesondere dann ein Ärgernis, wenn ein Kunde mit einer Frage zu einem vom ihm erworbenen Produkt ein stationäres Geschäft betrat.

Diese technologischen Veränderungen sowie insbesondere die Veränderungen im Verhalten und in den Erwartungen der Kundinnen und Kunden führte dazu, dass die Händler ihre bisherigen Kanalstrategien ändern mussten, um den neuen Anforderungen gerecht zu werden. Die Unternehmen begannen daher, ihre Vertriebskanäle zu vernetzen und aufeinander abzustimmen – ein Ansatz, der heute auch als Omnichannel bekannt ist. Omnichannel entwickelte sich somit aus der Erkenntnis der Unternehmen heraus, dass die Kundinnen eine konsistente und einheitliche Erfahrung auf allen Kanälen erwarten.

Weiterentwicklung des Omnichannels

Die letzten Jahre haben eine kontinuierliche Weiterentwicklung des Omnichannel-Konzepts gezeigt. Einige der wichtigsten Weiterentwicklungen sind:

1. **Personalisierung:** Die Kundinnen und Kunden erwarten zunehmend individuelle Angebote und maßgeschneiderte Produktempfehlungen. Durch den Einsatz von Datenanalyse und Künstlicher Intelligenz (KI) sind Einzelhändler in der Lage, personalisierte Einkaufserlebnisse zu schaffen und die Kundenzufriedenheit zu erhöhen.
2. **Mobile Commerce:** Die Verbreitung von Smartphones und Tablets hat den mobilen Handel zu einem wichtigen Kanal im Omnichannel-Konzept gemacht. Mobile Apps bieten den Kundinnen und Kunden die Möglichkeit, jederzeit und überall einzukaufen und gleichzeitig Informationen über Produkte und Angebote abzurufen.
3. **Click-and-Reserve sowie Click-and-Collect:** Die Verknüpfung von Online- und Offline-Kanälen ermöglicht es den Kundinnen und Kunden, Produkte online zu reservieren oder zu kaufen und sie in der Filiale abzuholen. Dieses Konzept bietet Kundinnen und Kunden Flexibilität und Komfort und stellt gleichzeitig eine Verbindung zwischen den verschiedenen Vertriebskanälen her.
4. **Social Media und Influencer Marketing:** Die Integration von sozialen Medien in das Omnichannel-Konzept ermöglicht es den Einzelhändlern, ihre Reichweite zu erhöhen und die Kundinnen und

Kunden besser zu erreichen. Influencer Marketing hat sich als effektive Methode erwiesen, um die Aufmerksamkeit der Kundinnen und Kunden auf sich zu ziehen und Vertrauen in die Marke aufzubauen.
5. **Augmented Reality (AR) und Virtual Reality (VR)**: Diese Technologien bieten den Kundinnen und Kunden ein immersives Einkaufserlebnis und ermöglichen es ihnen, Produkte in einer virtuellen Umgebung auszuprobieren, bevor sie sie kaufen. Dies erhöht die Kundenzufriedenheit und reduziert die Wahrscheinlichkeit von Retouren.

Die Evolution des Omnichannel zeigt, wie wichtig es ist, die Bedürfnisse und Erwartungen der Kundinnen und Kunden kontinuierlich zu berücksichtigen und die Geschäftsmodelle entsprechend anzupassen. Ein erfolgreicher Omnichannel-Ansatz erfordert eine ständige Weiterentwicklung und Innovationsbereitschaft, um den sich ändernden Marktbedingungen gerecht zu werden.

3.2 Definition Omnichannel

Auch wenn im vorangegangenen Abschnitt einige grundlegende Charakteristika des Omnichannel-Ansatzes präsentiert wurden, so soll sich nun noch einmal eingehender damit auseinandergesetzt werden und Abgrenzungen zu verwandten Konzepten vorgenommen werden. Begonnen werden soll dabei mit dem Begriff des Single-Channels. Wie der Name vermuten lässt, betreibt ein Unternehmen einen Single-Channel-Ansatz, wenn es lediglich auf einen einzigen Verkaufskanal setzt, z. B. einen Onlineshop oder stationäre Geschäfte.

Multiple-Channel-Marketing

Wie bereits in Abschn. 3.1 dargelegt wurde, begannen die Unternehmen schon früh, die Vorteile verschiedener Verkaufskanäle für sich auszunutzen. Man spricht dabei vom Multiple-Channel, wenn die verschiedenen Kanäle eines Unternehmens nicht aufeinander abgestimmt sind und getrennt voneinander gesteuert werden. Unternehmen können sich so auf den verschiedenen Kanälen und beispielsweise unterschiedliche Preise anbieten oder auch ein abweichendes Sortiment anbieten. Oftmals werden daher auch den Kundinnen und Kunden auf den unterschiedlichen Kanälen verschiedene Marken präsentiert. Auch wenn die Kanäle nicht aufeinander abgestimmt sind, so können dennoch Hintergrundprozesse wie Einkauf und Logistik gebündelt werden, damit Synergieeffekte realisiert werden können.[1]

Multichannel-Marketing

Der Multichannel-Ansatz erweitert das Multiple-Channel, indem der Kundin oder dem Kunden nun ein einheitliches Marketing auf den Kanälen geboten wird. Der Kundin oder dem Kunden werden nun nicht wie im Multiple-Channel unterschiedliche Marken, Sortimente oder Preise angeboten. Weiterhin wird in der Regel vorausgesetzt, dass dabei mindestens stationäre Geschäfte und ein Online-Kanal als Vertriebskanäle zum Einsatz kommen.[2] Den Kundinnen und Kunden wird es dadurch möglich, sich auf einem Kanal über ein Produkt zu informieren, um es dann über einen anderen Kanal zu beziehen. Hier wäre beispielsweise das bereits beschriebene Showrooming möglich: Der Kunde begutachtet ein Produkt im stationären Geschäft, um es bei Gefallen später über den Onlineshop online einzukaufen.

Ein wesentlicher Vorteil der Multichannel-Strategie ist, dass sie Unternehmen ermöglicht, schnell neue Vertriebskanäle zu erschließen, ohne dabei die bestehenden Kanäle grundlegend umzugestalten. Dadurch können Händler ihre Reichweite erhöhen und neue Zielgruppen ansprechen. Zudem sind die initialen Investitionskosten in der Regel geringer als bei der Einführung einer Omnichannel-Strategie, da keine vollständige Integration der Verkaufsplattformen notwendig ist.

Allerdings kann es auch zu Nachteilen kommen. Sind die Kanäle in der Darstellung von Informationen und Angeboten nicht einheitlich, so können Inkonsistenzen in den angebotenen Produkten, Preisen oder der Verfügbarkeit zu einer schlechteren Kundenerfahrung führen. Zudem erschwert die mangelnde Vernetzung der Kanäle die Analyse

---

[1] Swoboda et al. (2018, S. 10).
[2] Mehn und Wirtz (2018, S. 6).

von Kundenverhalten über die einzelnen Kanäle hinweg und die Optimierung von Marketingmaßnahmen.

Cross-Channel-Marketing
Als Weiterentwicklung des Multichannel-Ansatzes kann der Cross-Channel angesehen werden. Auch hier nutzen die Händler wie im Multichannel verschiedene Kanäle parallel, z. B. einen Onlineshop, einen Katalog und stationäre Geschäfte. Die verschiedenen Kanäle des Unternehmens sind hier so verknüpft, dass der Kundin oder dem Kunden ein möglichst nahtloses Einkaufserlebnis geboten werden kann. Während sich der Multichannel primär auf die Konsistenz der dargestellten Informationen und Angebote des Unternehmens fokussiert, sind hier die Kanäle integriert, sodass die Kundinnen und Kunden zwischen den Kanälen wechseln können, z. B. indem sie ein Produkt im Onlineshop bestellen und anschließend in der Filiale abholen.[3] Üblicherweise sind beim Cross-Channel jedoch nicht alle Kanäle vollständig integriert.

Ein wesentlicher Vorteil des Cross-Channels liegt darin, dass den Kundinnen und Kunden ein flexibles Einkaufserlebnis über alle Kanäle hinweg ermöglicht wird. Die Kundinnen und Kunden können beispielsweise online Produkte recherchieren und dann physisch im Geschäft kaufen oder umgekehrt. Dies erhöht die Kundenzufriedenheit und kann die Kundenbindung stärken. Zudem bietet Cross-Channel die Möglichkeit, die Kundinnen und Kunden besser zu verfolgen und ihre Verhaltensweisen zu analysieren, da die Interaktionen in verschiedenen Kanälen erfasst werden können. Dies ermöglicht es Unternehmen, personalisierte Angebote und Empfehlungen bereitzustellen, die die Kaufentscheidungen der Kundinnen und Kunden positiv beeinflussen können.

Auf der anderen Seite gibt es auch Herausforderungen und Nachteile bei der Implementierung von Cross-Channel-Strategien. Eine der Hauptherausforderungen besteht darin, sicherzustellen, dass die verschiedenen Kanäle miteinander integriert sind. Dies erfordert oft erhebliche Investitionen in die Technologie und Infrastruktur, um

---

[3] Zentes et al. (2017, S. 96).

sicherzustellen, dass Bestände, Preise und Kundendaten in Echtzeit synchronisiert sind. Zudem kann die Einführung von Cross-Channel-Strategien zu Konflikten führen, insbesondere wenn physische Geschäfte und Online-Shops um die gleichen Kundinnen und Kunden konkurrieren. Dies erfordert eine klare strategische Ausrichtung und Planung, um solche Konflikte zu minimieren.

Omnichannel-Marketing

Beim Omnichannel-Marketing, meistens nur kurz Omnichannel genannt, sind hingegen alle Kanäle über alle Prozesse hin integriert (siehe Abb. 3.1). Die Kanäle sind somit in Erscheinung und Angebot vollständig konsistent und die Kundinnen und Kunden können die Kanäle nach Belieben wechseln.[4] Sämtliche Informationen und Bestände sind in Echtzeit synchronisiert. Ein Kunde kann online nach einem Produkt suchen, es in den Warenkorb legen und dann feststellen, dass es im örtlichen Geschäft auf Lager ist. Er kann es im Geschäft kaufen oder online bestellen und nach Hause liefern lassen. Die Kundenhistorie und Präferenzen werden in allen Kanälen geteilt, um personalisierte Empfehlungen zu ermöglichen. Der Kunde rückt damit vollständig in den Mittelpunkt.[5]

> Omnichannel bezeichnet die vollständige Integration und Konsistenz aller Vertriebskanäle, sodass die Kundinnen und Kunden zwischen ihnen wechseln können. Informationen und Bestände sind in Echtzeit synchronisiert, die Kundenhistorie und Präferenzen werden über alle Kanäle geteilt, wodurch personalisierte Empfehlungen möglich werden. Der Kunde und seine Bedürfnisse rücken somit in den Mittelpunkt.

Die Omnichannel-Strategie bietet ähnliche Vorteile wie der Cross-Channel, insbesondere im Hinblick auf die Kundenzufriedenheit. Durch die nahtlose Integration der Vertriebskanäle erhalten die Kundinnen und Kunden ein einheitliches Einkaufserlebnis und können beispielsweise

---

[4] Swoboda et al. (2018, S. 11).
[5] Mehn und Wirtz (2018, S. 10).

online gekaufte Produkte problemlos im stationären Laden zurückgeben. Dies fördert die Kundenbindung und kann langfristig zu höheren Umsätzen führen. Zudem ermöglicht die Vernetzung der Kanäle eine bessere Analyse des Kundenverhaltens und die gezielte Personalisierung von Angeboten. Auf diese Weise können Händler ihre Marketingmaßnahmen effektiver gestalten und den Umsatz weiter steigern.

Allerdings erfordert die Einführung einer Omnichannel-Strategie analog zu einer Cross-Channel-Strategie initiale Investitionen in Technologie und Personal, um die Vernetzung der Vertriebskanäle zu gewährleisten. Zudem kann die Umstellung auf ein Omnichannel-Modell einen tiefgreifenden Wandel in der Unternehmenskultur und den Arbeitsprozessen bedeuten, was eine gewisse Anpassungszeit erfordert. In der Einzelhandels-Studie Retail Reality 2023 wird deutlich, dass im deutschsprachigen Raum die Bereitschaft zum Einsatz von Omnichannel-Maßnahmen von Konsumentinnen und Konsumenten zwar stark gefordert, im Einzelhandel jedoch nur unzureichend und nicht flächendeckend geboten wird.[6]

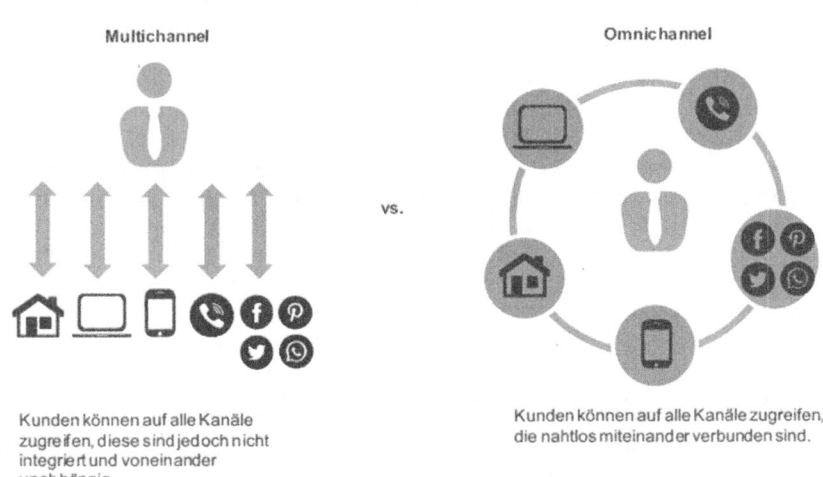

Abb. 3.1 Multichannel vs. Omnichannel. (Quelle: Mehn & Wirtz, 2018, S. 11)

---

[6] Shopgate (2023, S. 23).

> **Omnichannel-Strategie am Beispiel Zalando**
>
> Ein gutes Beispiel für eine gelungene Omnichannel-Strategie ist der deutsche Modehändler Zalando. Das Unternehmen hat seinen Ursprung im Online-Handel und hat seitdem konsequent darauf hingearbeitet, seinen Kundinnen und Kunden ein nahtloses Einkaufserlebnis über alle Kanäle hinweg zu bieten. So können die Kundinnen und Kunden online nach Produkten suchen, sie im stationären Geschäft anprobieren und anschließend entweder im Laden oder über die mobile App kaufen. Dabei werden alle Kundenaktivitäten – von der Produktsuche über den Kauf bis hin zur Retoure – zentral erfasst und ausgewertet, um personalisierte Angebote und Services anbieten zu können.
>
> Die Omnichannel-Strategie von Zalando geht jedoch noch weiter: Das Unternehmen hat auch eine eigene Mode-App entwickelt, die Kundinnen und Kunden bei der Auswahl von Outfits unterstützt und ihnen auf Basis ihrer bisherigen Käufe und Präferenzen individuelle Empfehlungen gibt. Durch die Integration von Social-Media-Plattformen wie Instagram und Pinterest können Nutzerin und Nutzer zudem Outfit-Inspirationen von Influencern und anderen Kundinnen und Kunden erhalten und direkt im Zalando-Shop einkaufen.

Den passenden Ansatz finden

Die Wahl des passenden Ansatzes hängt von verschiedenen Faktoren ab wie zum Beispiel der Größe des Unternehmens, dem vorhandenen Technologie- und Personalbudget oder der Zielgruppe.[7] Kleinere Einzelhändler mit begrenzten Ressourcen können von einer Multichannel-Strategie profitieren, da sie einen schnelleren Einstieg in den Online-Handel ermöglicht und gleichzeitig die Kosten niedrig hält. Für größere Unternehmen, die eine einheitliche Kundenerfahrung über alle Kanäle hinweg anbieten möchten und über die nötigen Ressourcen verfügen, ist eine Omnichannel-Strategie die bessere Wahl.

In jedem Fall ist es wichtig, die Bedürfnisse und Erwartungen der eigenen Zielgruppe genau zu analysieren und die gewählte Strategie kontinuierlich an die sich ändernden Marktbedingungen anzupassen. Dabei sollte stets das Ziel verfolgt werden, den Kundinnen und Kunden

---

[7] Vgl. Mehn und Wirtz (2018, S. 12).

ein möglichst positives Einkaufserlebnis zu bieten und langfristig die Kundenbindung zu stärken.

3.3 Vorteile durch Omnichannel

Die Bedeutung von Omnichannel für den Einzelhandel lässt sich nicht hoch genug einschätzen. Die fortschreitende Digitalisierung und die ständig wachsenden Ansprüche der Kundinnen und Kunden haben dazu geführt, dass eine reine Multichannel-Strategie, bei der die verschiedenen Verkaufskanäle weitgehend isoliert voneinander agieren, nicht mehr ausreicht, um im Wettbewerb zu bestehen. Die Kundinnen und Kunden erwarten heute ein durchgängiges und personalisiertes Einkaufserlebnis, das ihre Bedürfnisse und Präferenzen in Echtzeit berücksichtigt, unabhängig davon, welchen Kanal sie nutzen.

Eine erfolgreiche Omnichannel-Strategie verbindet daher alle Verkaufskanäle – stationärer Handel, Online-Shop, mobile App, Social-Media-Plattformen, etc. – zu einem nahtlosen und kohärenten Gesamtsystem, das die Kundinnen und Kunden in den Mittelpunkt stellt und eine optimale Customer Experience ermöglicht. Entscheidend ist dabei auch die Integration von Technologien wie künstliche Intelligenz, Big Data, Business Intelligence und Echtzeit-Analysen, um Kundenverhalten und -präferenzen zu erkennen und darauf basierend personalisierte Angebote und Services zu entwickeln.

Kundenzufriedenheit

Ein erster wesentlicher Vorteil, der aus einem Omnichannel-Ansatz resultieren kann, ist die Erhöhung der Kundenzufriedenheit. Diese ist ein entscheidender Faktor für den Erfolg eines Unternehmens: Zufriedene Kundinnen und Kunden sind loyaler, sie nehmen auch höhere Preise in Kauf und sie empfehlen das Unternehmen eher weiter, was langfristig zu einer positiven Reputation und einer stärkeren Kundenbindung führt. Auch können die hohe Wiederkaufsrate unter den loyalen Kundinnen und Kunden und die Weiterempfehlungen dazu führen, dass ein Unternehmen weniger in Neukundenakquise investieren muss.

Omnichannel-Strategien tragen dazu bei, die Kundenzufriedenheit zu erhöhen, indem sie den Kundinnen und Kunden ein nahtloses und personalisiertes Einkaufserlebnis bieten. Die Kundinnen und Kunden können beispielsweise online Produkte recherchieren, sie im stationären Geschäft anprobieren und anschließend über eine mobile App bestellen. Diese Flexibilität und der Komfort, den Omnichannel bietet, führen zu einer höheren Kundenzufriedenheit und damit zu einer langfristigen Kundenbindung.

Zudem werden von den Kundinnen und Kunden in den verschiedenen Kanälen auch Daten erzeugt, z. B. welche Produkte von welchem Kunden im Onlineshop angesehen wurden. Durch die Nutzung dieser Daten können Einzelhändler zudem ein personalisiertes Einkaufserlebnis für ihre Kundinnen und Kunden schaffen. Indem sie das Verhalten und die Vorlieben ihrer Kundinnen und Kunden analysieren, können sie gezielt Angebote und Inhalte bereitstellen, die für jede einzelne Kundin und jeden einzelnen Kunden relevant sind. Dies führt zu einer höheren Kundenzufriedenheit und langfristig zu einer stärkeren Kundenbindung. Hierbei hilft Digital Analytics, also die Erfolgsmessung digitaler Aktivitäten zur Präsentation fundierte Entscheidungshilfen für aktuelle und zukünftige (Online-) Maßnahmen.[8]

Umsatzsteigerungen

Omnichannel-Strategien haben in den letzten Jahren aber auch stark an Bedeutung gewonnen, da sie Unternehmen dabei unterstützen, nicht nur ihre Kosten zu senken, sondern vor allem ihre Verkaufszahlen zu erhöhen. Dazu trägt auch die bereits erwähnte Nutzung der anfallenden Daten bei: Die Kundinnen und Kunden, die für sie passende Angebote bekommen, werden eher einen Kauf abschließen als die Kundinnen und Kunden, denen nichts für sie Passendes angeboten wird.

Die nahtlose Verknüpfung von stationären Geschäften, Online-Shops und mobilen Apps ermöglicht es den Kundinnen und Kunden, jederzeit und überall einzukaufen. Durch die Integration von Online- und Offline-Kanälen können Einzelhändler ihre Produkte einem größeren

---

[8] Haberich (2012, S. 50).

Kundenkreis anbieten und somit ihre Reichweite erhöhen. Dadurch ergeben sich zahlreiche neue Verkaufschancen für Unternehmen.

Ein weiterer Vorteil der Omnichannel-Strategie ist die Möglichkeit, den Lagerbestand besser zu verwalten und dadurch die Effizienz zu steigern. Durch die Nutzung von Echtzeitdaten können Einzelhändler ihre zentralen oder dezentralen Lagerbestände besser verwalten, was wiederum dazu führt, dass sie ihre Kundinnen und Kunden besser bedienen und das Risiko von Fehlbeständen oder Überbeständen reduzieren können. Dies kann nicht nur zu höheren Verkaufszahlen, sondern auch zu erhöhter Kundenzufriedenheit führen.

Eine Studie von IDC Retail Insights zeigt, dass Kundinnen und Kunden, die über mehrere Kanäle einkaufen, im Durchschnitt 30 % mehr ausgeben als Kundinnen und Kunden, die nur über einen einzigen Kanal einkaufen. Durch die Integration von Omnichannel-Strategien können Unternehmen ihre Verkaufszahlen also signifikant steigern und ihre Umsätze erhöhen.[9]

Wettbewerbsvorteile

In der heutigen globalisierten und digitalisierten Welt ist der Wettbewerbsdruck enorm. Unternehmen müssen sich ständig weiterentwickeln und sich von ihren Mitbewerbern abheben, um erfolgreich zu sein. Eine effektive Omnichannel-Strategie kann dabei einen entscheidenden Wettbewerbsvorteil bieten: Unternehmen, die in der Lage sind, ihren Kundinnen und Kunden ein nahtloses und konsistentes Einkaufserlebnis über alle Kanäle hinweg zu bieten, heben sich von der Konkurrenz ab und können sich sogar als Branchenführer positionieren. Eine Studie von Scandit zeigt, dass mit 51 % fast die Hälfte der Befragten aus dem DACH- und CEE-Raum davon ausgehen, dass sich ein Hybrid aus Online- und Offline-Handel etablieren wird und somit zum Erfolg des Geschäftsmodells beitragen wird.[10]

Der Stellenwert von Omnichannel ist in der heutigen Geschäftswelt somit immens. Unternehmen, die eine effektive Omnichannel-Strategie implementieren, können ihre Umsätze und die Kundenzufriedenheit

---

[9] Krueger (2015).
[10] Scandit (2022, S. 3).

erheblich verbessern sowie Wettbewerbsvorteile erlangen. Angesichts der rasanten Entwicklung neuer Technologien und der sich ständig ändernden Kundenbedürfnisse ist es für Unternehmen daher unerlässlich geworden, sich kontinuierlich weiterzuentwickeln und ihre Omnichannel-Strategien zu optimieren. Dabei muss jedoch stets bedacht werden, dass die Implementierung und Weiterentwicklung von Omnichannel-Strategien Zeit, Ressourcen und Engagement erfordern.

Einzelhändler, die den Omnichannel-Ansatz nicht verfolgen, riskieren, von der Konkurrenz überholt zu werden, da sie nicht in der Lage sind, den sich ändernden Bedürfnissen und Erwartungen der Kundinnen und Kunden gerecht zu werden. In einer Zeit, in der der Online-Handel immer wichtiger wird, ist es entscheidend, dass Einzelhändler sowohl in der digitalen als auch in der physischen Welt präsent sind und den Erwartungen ihrer Kundinnen und Kunden gerecht werden.

3.4 Beispiele erfolgreicher Omnichannel-Unternehmen

In diesem Abschnitt wird anhand von Beispielen verschiedener Unternehmen aufgezeigt, wie sie ihre unterschiedlichen Omnichannel-Ansätze realisiert haben. Betrachtet werden dabei die Unternehmen Zalando, IKEA und REWE. Aufgrund der unterschiedlichen Branchen, in denen sie tätig sind, verdeutlichen diese Unternehmen, dass das Omnichannel-Thema in nahezu jeder Branche von Relevanz ist.

Zalando Plus

Das deutsche Modeunternehmen Zalando hat sich seit seiner Gründung im Jahr 2008 kontinuierlich weiterentwickelt und ist heute einer der führenden Online-Händler für Mode und Lifestyle in Europa. Zusätzlich hat Zalando mittlerweile auch in den stationären Handel investiert und betreibt inzwischen mehrere Outlet-Stores in Deutschland. Durch die Verbindung von Online- und Offline-Einkaufserlebnissen können Kundinnen und Kunden die Vorteile beider Welten nutzen.

> Ein zentraler Aspekt der Omnichannel-Strategie von Zalando ist die Einführung von Zalando Plus, einem Mitgliedschaftsprogramm, das den Kundinnen und Kunden exklusive Vorteile wie kostenlosen Expressversand, frühen Zugang zu Verkaufsaktionen und personalisierte Modeberatung bietet. Zudem setzt das Unternehmen auf die Integration von KI und Datenanalyse, um personalisierte Produktempfehlungen und gezielte Marketingmaßnahmen zu ermöglichen.

IKEAs Store-in-Store-Ansatz

IKEA ist ein weiteres Unternehmen, das die Zukunft des Omnichannel-Einzelhandels aktiv gestaltet. Der schwedische Möbelgigant hat erkannt, dass die Kundinnen und Kunden heute bequeme und flexible Einkaufsmöglichkeiten erwarten, und hat seine Strategie entsprechend angepasst.

Eines der innovativen Konzepte von IKEA ist das "Store-in-Store"-Konzept, bei dem kleinere IKEA-Shops innerhalb von Einkaufszentren oder anderen Einzelhandelsgeschäften eröffnet werden. Diese Mini-IKEA-Stores bieten eine Auswahl an populären Produkten sowie Services wie Click-and-Collect und Online-Bestellung mit Lieferung nach Hause.

Darüber hinaus hat IKEA eine App entwickelt, die den Kundinnen und Kunden ermöglicht, Produkte virtuell in ihren eigenen Wohnräumen zu platzieren, um so das Einkaufserlebnis zu verbessern und Fehlkäufe zu minimieren. Die App unterstützt auch den gesamten Bestell- und Lieferprozess, was die Customer Journey zusätzlich optimiert.

REWEs Online-Maßnahmen

Der Lebensmitteleinzelhändler REWE zeigt, dass auch traditionelle Branchen erfolgreich auf die Omnichannel-Herausforderungen reagieren können. REWE hat in den letzten Jahren massiv in die Digitalisierung investiert und bietet seinen Kundinnen und Kunden heute eine nahtlose Verbindung von Online- und Offline-Einkaufsmöglichkeiten.

Ein zentrales Element der Omnichannel-Strategie von REWE ist der Online-Shop, der es den Kundinnen und Kunden ermöglicht, Lebensmittel und andere Produkte bequem von zu Hause aus zu bestellen und sie entweder im Markt abzuholen oder nach Hause liefern zu lassen. Darüber hinaus hat REWE eine App entwickelt, die den Kundinnen und

Kunden hilft, ihre Einkaufsliste zu organisieren, Angebote zu finden und die Verfügbarkeit von Produkten in ihrem lokalen Markt zu überprüfen. REWE hat auch in den Ausbau von Same-Day-Delivery und Click-and-Collect investiert, um den Kundinnen und Kunden noch mehr Flexibilität und Bequemlichkeit zu bieten. Die erfolgreiche Umsetzung dieser Omnichannel-Strategien hat dazu geführt, dass REWE heute als einer der Vorreiter im digitalen Lebensmitteleinzelhandel gilt.

4

Omnichannel im Einzelhandel

Omnichannel hat im Einzelhandel eine immense Bedeutung erlangt, da es die Art und Weise revolutioniert hat, wie Unternehmen mit ihren Kundinnen und Kunden interagieren und Geschäfte abwickeln. Wie aufgezeigt wurde, ermöglicht ein Omnichannel-Ansatz es den Einzelhändlern, nahtlose Einkaufserlebnisse über ihre verschiedenen Vertriebskanäle hinweg anzubieten, sei es im physischen Laden, online oder über mobile Anwendungen. Dies ist entscheidend, da sich das Käuferverhalten in den letzten Jahren dramatisch verändert hat. Die Kundinnen und Kunden erwarten heute Flexibilität und Bequemlichkeit beim Einkaufen. Omnichannel versetzt Einzelhändlern in die Lage, diese Erwartungen zu erfüllen, indem sie eine konsistente Markenpräsenz und einen reibungslosen Übergang zwischen den Kanälen gewährleisten. Dies stärkt die Kundenbindung, steigert die Verkäufe und trägt zur langfristigen Wettbewerbsfähigkeit der Einzelhändler bei. In einer Zeit, in der die Grenzen zwischen Online- und Offline-Shopping zunehmend verschwimmen, ist Omnichannel für den Einzelhandel von entscheidender Bedeutung, um erfolgreich zu sein und relevant zu bleiben.

4.1 Kundenzentrierung als Schlüssel

Dieser Abschnitt widmet sich den kundenzentrierten Ansätzen im Omnichannel-Einzelhandel. Dabei wird der Fokus auf die Kundenbindung, die Kundenerfahrung und den Kundenservice gelegt. Die Bedeutung dieser Aspekte wird in einer Zeit immer größer, in der Verbraucherinnen und Verbraucher eine Vielzahl von Möglichkeiten haben, um Produkte und Dienstleistungen zu beziehen.[1]

4.1.1 Kundenbindung

Die Kundenbindung ist ein zentraler Aspekt der kundenzentrierten Ansätze im Omnichannel-Einzelhandel. In der Literatur lassen sich drei verschiedene Ansätze zur Definition der Kundenbindung unterscheiden, siehe Abb. 4.1:[2]

Abb. 4.1 Konzepte der Kundenbindung. (Quelle: Krämer et al., 2023, S. 12)

---

[1] Krämer et al. (2023, S. 12).
[2] Silbermann (2018, S. 52–54).

1. Anbieterbezogene Definition: Hier wird die Kundenbindung als unternehmerische Aufgabe aufgefasst, z. B. Maßnahmen zur Stabilisierung der Geschäftsbeziehungen, Bindung der Kundin oder des Kunden an einen Anbieter oder der Schaffung einer hohen Nähe zur Kundin oder zum Kunden. Ziel ist es, Wiederverkäufe anzuregen und einen Wechsel zur Konkurrenz zu unterbinden.
2. Kundenbezogene Definition: Dieser Definitionsrichtung nach wird Kundenbindung als eine Einstellung zu einer Geschäftsbeziehung definiert, die die Kundinnen und Kunden zu einem Unternehmen haben. Diese Einstellung manifestiert sich in der Bereitschaft der Kundin oder des Kunden, Folgetransaktionen durchzuführen.
3. Beziehungsbezogene Definition: Gemäß der beziehungsbezogenen Definition liegt der Fokus auf der Geschäftsbeziehung selbst. Hierbei werden vor allem die emotionalen Aspekte wie z. B. Stimmung der Geschäftspartner, das Vertrauen untereinander und die Zufriedenheit der Kundin oder des Kunden mit dem Anbieter betrachtet.

Folgt man den ersten beiden Definitionsansätzen, dann kann man Kundenbindung als eine unternehmerische Aufgabe ansehen, den Kundinnen und Kunden zu einer positiven Einstellung gegenüber dem Unternehmen und seinen Produkten und Dienstleistungen zu verhelfen. Diese positive Einstellung soll sich anschließend in Form von Wiederkäufen und dem Aufbau von Wechselbarrieren äußern. Das Ziel für Unternehmen ist es somit vereinfacht gesagt, aus zufriedenen Kundinnen und Kunden treue Stammkunden zu machen, die immer wieder auf die Angebote des Unternehmens zurückkommen. Für das Unternehmen ergeben sich daraus viele Vorteile, z. B. geringere Servicekosten, die Bereitschaft der Kundinnen und Kunden, höhere Preise zu akzeptieren, Weiterempfehlungen und ein insgesamt höheres Kaufvolumen.[3] Studien zeigen, dass bereits 5 % gebundene Kundinnen und Kunden die Gewinne um mindestens 25 % erhöhen können. Auch zeigt sich, dass es bis zu 6× teurer ist, neue Kundinnen und Kunden zu gewinnen als bestehende Kundinnen und Kunden zu betreuen.[4]

---

[3] Toth (2014, S. 180–181).
[4] Töpfer (2020, S. 91–92).

Um die Kundenbindung im Omnichannel-Einzelhandel zu stärken, sollten Unternehmen u. a. auf personalisierte Angebote und Kommunikation setzen. Dazu gehört beispielsweise die Verwendung von Kundenprofilen und -historien, um individuell zugeschnittene Produktvorschläge oder Rabattaktionen anzubieten. Auch ein effektives Kundenbindungsprogramm, das über alle Kanäle hinweg funktioniert und attraktive Vorteile für die Teilnehmenden bietet, kann zur Kundenbindung beitragen, z. B. Bonuspunkte in der App und im Onlineshop.

4.1.2 Kundenerfahrung

Die Kundenerfahrung, bereits in Abschn. 2.2 auch Customer Experience bezeichnet, kennzeichnet die Summe der Erfahrungen, die ein Kunde mit einem Unternehmen, seinen Produkten und seinen Dienstleistungen macht. Alle Eindrücke und Reaktionen einer Person während der Nutzung oder in Erwartung der Verwendung eines Produkts oder einer Dienstleistung spielen dabei eine wesentliche Rolle. Um eine optimale User Experience zu gewährleisten, ist es daher beispielsweise erforderlich, eine Anwendung nicht nur funktional zu gestalten, sondern auch mit Elementen auszustatten, die eine emotionale Bindung zum Nutzer oder zur Nutzerin herstellen. Das Ziel besteht also nicht nur darin, dass der Nutzer oder die Nutzerin schnell und reibungslos seine Ziele erreicht, sondern dass er je nach Anwendungsbereich auch positive Emotionen wie Spaß oder Freude bei der Nutzung erlebt.[5] Als Folge kann eine positive Kundenerfahrung großen Einfluss auf die Kundenzufriedenheit haben, die sich wiederum positiv auf das Wiederkaufverhalten von loyalen Kundinnen und Kunden und somit positiv auf die Kundenbindung auswirken kann.[6] Auch hier zeigen verschiedene Studien die positiven Auswirkungen, die von einer hohen Kundenzufriedenheit ausgehen: So ist die Wahrscheinlichkeit, dass sehr zufriedene Kundinnen und Kunden Waren nachbestellen, um 300 % größer, als wenn sie

---

[5] Jacobsen und Meyer (2022, S. 32).
[6] Toth (2014, S. 181).

nur zufrieden sind. Auch erhöht eine hohe Kundenzufriedenheit die Bereitschaft, höhere Preise zu akzeptieren.[7]

Übertragen auf den Omnichannel-Kontext bedeutet dies vor allem, dass Unternehmen sicherstellen müssen, dass die Kundenerfahrung über alle Berührungspunkte hinweg konsistent und nahtlos ist. Dabei spielt es keine Rolle, ob es sich um den Einkauf im stationären Geschäft, den Online-Shop, die mobile App oder den Kontakt zum Kundenservice handelt. Dies äußerst sich u. a. in einer konsistenten Markenbotschaft und einem durchgängigen Design auf allen Kanälen und Customer Touchpoints, personalisierten Erlebnissen und Angeboten sowie der Möglichkeit, die Kanäle nach Belieben wechseln zu können, ohne dass die bisherigen Interaktionen abgebrochen werden. Damit soll eine möglichst hohe Kundenzufriedenheit erreicht werden, die wiederum die Kundenbindung stärkt.

In Deutschland gehören gemäß der Google Omnichannel Excellence Study die Unternehmen MediaMarkt, Breuninger und Decathlon zu den führenden Omnichannel-Unternehmen (siehe Abb. 4.2). Diese Unternehmen zeichnen sich durch verschiedene Faktoren aus: Zum einen werden den Kundinnen und Kunden vielfältige Liefer- und Abholmöglichkeiten angeboten, z. B. Click-and-Collect oder Click-and-Reserve. Zum anderen werden entlang der Customer Journey relevante Informationen und Services angeboten. Zu guter Letzt sind die verschiedenen Online und Offline-Kanäle sowie ihre Customer Touchpoints miteinander verknüpft.[8]

Ein erfolgreiches Omnichannel-Kundenerlebnis zeichnet sich der Google-Studie durch fünf Kernprinzipien aus:[9]

1. **Flexibel**: Den Kundinnen und Kunden wird ein Einkaufserlebnis geboten, dass sie entsprechend ihrer Bedürfnisse anpassen und verändern können.
2. **Einheitlich**: Die Nutzererfahrung ist über alle Kanäle des Unternehmens, online wie auch offline, hinweg einheitlich.

---

[7] Töpfer (2020, S. 92).
[8] Google (2022, S. 8).
[9] Google (2022, S. 7).

Abb. 4.2 Gewinner der Google Omnichannel Excellence Study. (Quelle: Eigene Darstellung nach Google, 2022, S. 8)

3. **Informativ**: Die Kundinnen und Kunden erhalten alle nötigen Informationen und Anleitungen, um die Produkte zu finden und offene Fragen zu klären.
4. **Bequem**: Die Händler stellen unabhängig vom Kanal einfache und bequeme Lösungen für mögliche Einkaufshürden zur Verfügung.
5. **Personalisiert**: Das Einkaufserlebnis ist individuell auf die Vorlieben und Bedürfnisse der Kundinnen und Kunden abgestimmt. Dazu gehören beispielsweise personalisierte Inhalte und Angebote.

Leider zeigen sich der Studie nach an diesen fünf Kernprinzipien auch die Problematiken des Omnichannels in Deutschland:[10]

1. **Flexibel**: 58 % der Konsumentinnen und Konsumenten wünschen sich Click-and-Reserve als Versandart bei ihren Händlern, was damit noch vor Click-and-Collect die am häufigsten gewünschte Zahlart ist. Zudem möchten viele Konsumentinnen und Konsumenten online die Produktverfügbarkeit abrufen können, bevor sie ein Ladengeschäft betreten. Tatsächlich bieten aber nur 40 % der Händler Click-and-Reserve an, während 75 % hingegen Click-and-Collect anbieten. Auch haben fast ein Drittel der Händler noch keine

---

[10] Google (2022, S. 12).

Produktverfügbarkeiten der Ladengeschäfte in ihren Online-Shop integriert.

2. **Einheitlich**: Viele Konsumentinnen und Konsumenten brechen den Kaufprozess ab, wenn das Produktangebot oder die Kaufprozesse auf den verschiedenen Kanälen nicht einheitlich sind. 73 % der Händler vermarkten ihren Online-Shop nicht in ihrem physischen Ladenlokal. Zudem machen 61 % der Händler in Deutschland Abholstationen für Online-Bestellungen im Geschäft nicht deutlich kenntlich. Parallel dazu erfolgt eine unzureichende Online-Bewerbung von stationären Geschäften und den dort angebotenen Sonderaktionen.

3. **Informativ**: 74 % der Endverbraucher brechen im Falle von unzureichendem Kundenservice einen Einkauf ab. Dennoch reagieren mehr als die Hälfte aller Händler (55 %) spät oder nicht zufriedenstellend auf Kundenanfragen. Ganze 73 % der Händler bieten keinen oder nur einen qualitativ-minderwertigen Live-Chat an. Auch versenden 65 % der Händler keine E-Mails nach dem Abschluss eines Kaufs.

4. **Bequem**: 57 % der befragten Konsumentinnen und Konsumenten gaben an, dass sie einen QR-Code nutzen würden, wenn einem dieser in einem Ladengeschäft angezeigt werden würde. Leider nutzen 56 % der Händler keine QR-Codes oder NFC[11]-Technologie in ihren Filialen. Auch statten 54 % der Händler ihr Personal nicht mit digitalen Endgeräten aus.

5. **Personalisiert**: Händler benötigen Daten, wenn sie ihren Kundinnen und Kunden personalisierten Einkaufserlebnisse bieten wollen. 37 % der Händler versenden immer noch keine personalisierten E-Mails. Ein Großteil bietet seinen Kundinnen und Kunden immer noch keine umfassenden Möglichkeiten, über das Kundenkonto zu personalisieren.

In Tab. 4.1 finden sich einige Anhaltspunkte, wie das Kundenerlebnis auch mit Blick auf jüngere Zielgruppen optimiert werden kann.

---

[11] NFC (Near Field Communication) ist eine drahtlose Technologie, die es ermöglicht, Daten über kurze Distanzen zwischen zwei NFC-fähigen Geräten auszutauschen. Durch die Berührung oder Annäherung der Geräte können beispielsweise Zahlungen abgewickelt, Informationen übertragen oder elektronische Zugangskontrollen aktiviert werden.

Tab. 4.1 Wichtige und unwichtige Faktoren für das Kundenerlebnis. (Quelle: Eigene Darstellung nach Pricewaterhouse-Coopers, 2018, S. 18)

	Vor dem Einkauf	Auswahl des Geschäfts	Während des Einkaufs	Personal
Top 3 Faktoren	1. Social Media (45 %) 2. Werbeprospekte (34 %) 3. online Produktverfügbarkeit prüfen (26 %)	1. gute Erreichbarkeit (76 %) 2. gutes Sortiment (66 %) 3. ausreichend Parkplätze (58 %)	1. übersichtlicher Ladenaufbau (65 %) 2. freundliche Mitarbeiter (57 %) 3. ausreichend Personal (43 %)	1. freundliche, aufmerksame und präsente Verkäufer (75 %) 2. neutrale und ehrliche Beratung (60 %) 3. persönliche Beratung (51 %)
Letzte 3 Faktoren	• Click-and-Collect (16 %) • online prüfen, wie voll es im Laden ist (16 %) • vorgefertigter Warenkorb (13 %)	• Öffnungszeiten bis 22 Uhr (33 %) • Kundenkarte mit Treueprogramm (29 %) • Sonntagsöffnung (17 %)	• Waren im Laden kaufen und liefern lassen (18 %) • Shopping-Guide mit Lageplan (8 %) • digitale Produktinformationen (7 %)	• Verkäufer hat die Produkte selbst getestet (17 %) • Verkäufer informiert mich über Neuigkeiten (7 %) • kennt meine Einkaufshistorie (5 %)

	Vor dem Einkauf	Auswahl des Geschäfts	Während des Einkaufs	Check-Out/ Bezahlen	Nach dem Einkauf	Personal
Top 2 Besonderheiten Teilnehmer 18–29 Jahre	• Social Media (73 %, +28 %) • online Produktverfügbarkeit prüfen (43 %, +16 %)	• Öffnungszeiten bis 22 Uhr (47 %, +14 %) • gute Erreichbarkeit (62 %, −14 %)	• SB-Kassen (36 %, +15 %) • digitale Produktinformationen (18 %, +11 %)			• ernsthaftes Interesse an persönlichen Präferenzen (44 %, +10 %) • Verkäufer gibt Empfehlungen (59 %, +9 %)
Top 3 Faktoren						
	Mehrwert beim Einkauf			Check-Out/ Bezahlen	Nach dem Einkauf	
	1. Überraschungen (52 %) 2. neue Produkte ausprobieren (49 %) 3. große, exklusive Produktauswahl (45 %)			1. SB-Kassen (61 %) 2. Anzeige Wartedauer an den Kassen (59 %) 3. Produkte selbst scannen und über Handy bezahlen (41 %)	1. zuverlässige Lieferung (93 %) 2. unkomplizierte Abwicklung von Reklamationen (91 %) 3. Entsorgung von Altprodukten (85 %)	

(Fortsetzung)

Tab. 4.1 (Fortsetzung)

	Mehrwert beim Einkauf	Check-Out/ Bezahlen	Nach dem Einkauf
Letzte 3 Faktoren	• Produkte personalisieren (13 %) • Kinderbetreuung (10 %) • Erlebnisräume (9 %)	• Bezahlungen über App (37 %) • Bezahlung über Fingerabdruck oder Gesichtserkennung (32 %) • automatisches Abbuchen (31 %)	• Online-Beratung durch Chatbot (30 %) • telefonische Nachfrage zur Zufriedenheit (27 %) • Community mit anderen Produktnutzern (18 %)
Top 2 Besonderheiten Teilnehmer 18–29 Jahre	• WLAN (51 %, +16 %) • Produkte personalisieren (24 %, +11 %)	• Produkte selbst scannen und über Handy bezahlen (55 %, +14 %) • Bezahlung über App (53 %, +15 %)	• Online-Beratung durch Chatbot (40 %, +10 %) • Entsorgung von Altprodukten (78 %, − 7 %)

> **Click-and-Reserve und Click-and-Collect für eine bessere Customer Experience**
>
> Ein Beispiel für eine gelungene Customer Experience im Omnichannel ist der Click-and-Reserve-Service, der es Kundinnen und Kunden ermöglicht, online reservierte Produkte im stationären Geschäft zu testen (oder anzuprobieren) und dann vor Ort zu kaufen. In Ergänzung dazu bietet der Click-and-Collect-Service den Kauf im Internet und daraufhin lediglich die Abholung des Produkts in der Filiale. Diese Services verbinden die Vorteile des Einkaufens im Internet, wie die bequeme Bestellung von zu Hause aus, mit der Möglichkeit, die Ware direkt im Laden in Empfang zu nehmen und eventuelle Rückfragen oder Anliegen persönlich zu klären.

4.1.3 Kundenservice

Der Kundenservice ist ein weiterer wichtiger Faktor für eine erfolgreiche Omnichannel-Strategie. Dies zeigt sich auch daran, dass drei Viertel der Kundinnen und Kunden, die zu einem Wettbewerber wechseln, sich an der mangelhaften Servicequalität des Unternehmens gestört haben.[12] Gemäß der Abb. 4.3 bieten sich einem Unternehmen nun verschiedene Möglichkeiten, an den unterschiedlichen Customer Touchpoints Services zu erbringen. Eine besonders hohe Bedeutung kommt hier den After-Sales Services zu, da diese direkt auf die Kundenzufriedenheit einwirken und somit indirekt auch die Kundenbindung beeinflussen. Kaufbezogene Services am Customer Point of Sale wie beispielsweise kostenlose Lieferdienste oder Finanzierungsdienstleistungen können hingegen direkt auf den Kaufabschluss einwirken.[13]

Im Idealfall bietet ein Unternehmen daher seinen Kundinnen und Kunden auf allen Kanälen ein hohes Maß an Servicequalität an. Dabei sollten insbesondere vielfältige Kontaktmöglichkeiten wie Telefon, E-Mail, Live-Chat oder Social Media angeboten werden, um eine schnelle und effiziente Bearbeitung von Kundenanfragen zu gewährleisten.

---

[12] Töpfer (2020, S. 92).
[13] Wirtz (2022, S. 369).

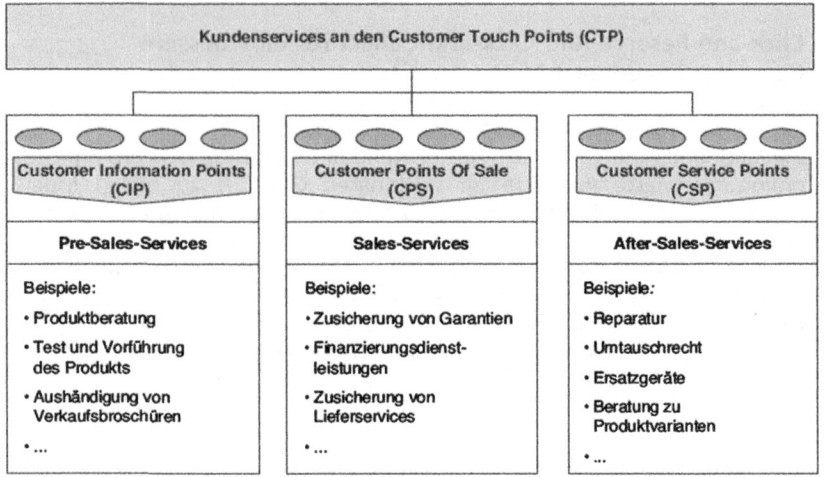

Abb. 4.3 Arten von Kundenservices an den verschiedenen Customer Touch Points. (Quelle: Wirtz, 2022, S. 369)

Eine zentrale Rolle spielt hierbei die Schulung und Weiterbildung des Personals, das sowohl im stationären Geschäft als auch im digitalen Kundenservice eingesetzt wird. Mitarbeiterinnen und Mitarbeiter sollten über ein fundiertes Wissen über die angebotenen Produkte und Dienstleistungen verfügen und in der Lage sein, Kundinnen und Kunden bei Fragen oder Problemen kompetent und lösungsorientiert zu unterstützen. 95 % aller verärgerten Kundinnen und Kunden würden einem Unternehmen treu bleiben, wenn die vorhandenen Probleme innerhalb von fünf Tagen gelöst würden.[14]

> **Chatbots und KI im Kundenservice**
>
> Ein gutes Beispiel für erfolgreiches Omnichannel-Kundenservice ist die Implementierung von Chatbots und künstlicher Intelligenz (KI) in den digitalen Kommunikationskanälen. Diese Technologien können dazu

---

[14] Töpfer (2020, S. 92).

> beitragen, einfache Anfragen automatisiert und schnell zu beantworten, während komplexere Probleme an das entsprechend geschulte Personal weitergeleitet werden. Auf diese Weise wird der Kundenservice effizienter und Kundenfreundlicher gestaltet.

4.2 Die Rolle der Technologie

Digitale Technologien bildet das Fundament des Omnichannel-Einzelhandels. Wie viele aktuelle Beispiele zeigen, führen diese Technologien aktuell zu grundlegenden Veränderungen an den Prozessen eines Unternehmens bis hin sogar zur Entwicklung neuer Geschäftsmodellen. Nicht ohne Grund spricht man daher bei der Digitalisierung auch von einem Megatrend.[15]

Ohne den Einsatz von digitalen Technologien ist es kaum möglich, eine konsistente und nahtlose Customer Journey zu gewährleisten, die im Omnichannel angestrebt wird. Nur durch technologische Lösungen wird es beispielsweise möglich, die verschiedenen Verkaufskanäle miteinander zu verknüpfen und den Kundinnen und Kunden ein einheitliches Einkaufserlebnis zu bieten oder durch die Analyse von Daten den Kundinnen und Kunden individualisierte Erlebnisse und Produktempfehlungen zu ermöglichen.

4.2.1 Softwarelösungen

Im Rahmen einer erfolgreichen Omnichannel-Strategie ist der Einsatz von effizienter und leistungsstarker Software von entscheidender Bedeutung. Aufgrund ihres Einflusses auf das Unternehmen können sie sogar den strategischen Informationstechnologien zugeordnet werden, da sie neben ihren Auswirkungen auf die Organisationsstrukturen sogar die Strategie des Unternehmens beeinflussen und ihr Einsatz somit auch zu

---

[15] Harwardt (2022, S. 3–5).

einem Wettbewerbsvorteil werden kann.[16] Zu diesen Softwarelösungen, die im Rahmen eines Omnichannel-Ansatzes von großer Bedeutung sind, gehören unter anderem:

- **Warenwirtschaftssysteme (WWS)**: Diese Systeme ermöglichen es, den Warenfluss innerhalb des Unternehmens effizient zu steuern und zu kontrollieren. Sie sind unverzichtbar, um die Verfügbarkeit von Produkten in den verschiedenen Verkaufskanälen sicherzustellen. Beispielhafte Unternehmen aus der WWS-Branche sind Microsoft, Xentral, Sage oder auch SAP.
- **Customer Relationship Management (CRM)**: CRM-Systeme unterstützen Einzelhändler dabei, ihre Kundenbeziehungen zu pflegen und zu optimieren. Sie erfassen und verwalten Kundeninformationen und ermöglichen eine gezielte und personalisierte Kommunikation mit den Kundinnen und Kunden. Bekannte CRM-Unternehmen sind unter anderem Microsoft, Salesforce oder Pipedrive.
- **E-Commerce-Anwendungen**: Online-Shops und Marktplätze sind essenzielle Verkaufskanäle im Omnichannel-Einzelhandel. Diese ermöglichen den Verkauf von Produkten im Internet und die Integration von weiteren Touchpoints, wie beispielsweise mobilen Anwendungen. Zu den bekannten Anbietern von Shopsystemen zählen Shopify, Shopware oder SAP. Bei den Marktplätzen sind Amazon, Ebay, Otto, Kaufland oder Zalando exemplarisch zu nennen.
- **Content Management Systeme (CMS)**: Ein CMS ermöglicht es, Inhalte auf verschiedenen Plattformen und Kanälen zentral zu verwalten und zu pflegen. Dies ist wichtig, um konsistente und aktuelle Informationen über das gesamte Omnichannel-Netzwerk hinweg bereitzustellen. Sitecore oder Wordpress sind beispielhafte Anbieter für Content Management Systeme.

Integration als Schlüssel

Die Integration der verschiedenen Softwarelösungen ist ein zentraler Aspekt einer erfolgreichen Omnichannel-Strategie. Als Integration wird in der Wirtschaftsinformatik i. d. R. die Zusammenführung

---

[16] Leimeister (2021, S. 303).

verschiedener Systeme, Anwendungen oder Prozesse verstanden, um eine möglichst reibungslose Interaktion und einen effizienten Informationsfluss zu gewährleisten. Die Integration zielt darauf ab, disparate Elemente in der IT-Landschaft eines Unternehmens miteinander zu verbinden, um eine höhere Effizienz, Konsistenz und Zusammenarbeit zu erreichen. Gegenstand der Integration können beispielsweise Daten aus verschiedenen Quellen sein, sodass verschiedene Anwendungssysteme auf den gleichen Datenbestand zugreifen und sich miteinander interagieren können. Auch können verschiedene Prozesse miteinander verbunden werden, um z. B. so die Effizienz zu steigern und die Reaktionsfähigkeit zu verbessern.[17]

Einzelhändler, die verschiedene Softwarelösungen z. B. für die Lagerhaltung, den Kundenservice und den Webshop einsetzen, müssen nun darauf achten, dass diese Systeme miteinander interagieren können und reibungslos zusammenarbeiten. Dazu gehören entsprechend die Auswahl von offenen und flexiblen Lösungen, die eine einfache und schnelle Anbindung an andere Systeme ermöglichen.

Ein wichtiger Faktor bei der Integration ist dabei die Nutzung von Schnittstellen bzw. APIs (Application Programming Interfaces). APIs ermöglichen die Kommunikation zwischen den verschiedenen Systemen und sorgen dafür, dass Daten und Informationen in Echtzeit ausgetauscht und Funktionen eines Anwendungssystems aufgerufen werden können.[18] Dies ist entscheidend, um beispielsweise die Verfügbarkeit von Produkten in den verschiedenen Verkaufskanälen sicherzustellen oder personalisierte Angebote an die Kundinnen und Kunden in den jeweiligen Kanälen zu senden.

In der jüngeren Vergangenheit etablieren sich mit Blick auf die Integration zunehmend auch sogenannte Omnichannel-Suits. Eine Omnichannel-Suite, aber auch einzelne Elemente daraus, gewährleisten die professionelle Vernetzung digitaler und analoger Touchpoints wie beispielsweise die Kassensysteme, Warenwirtschaftssysteme und Webshops. Dadurch werden Funktionen wie z. B. Click-and-Reserve,

---

[17] Grawe (2023, S. 79).
[18] Zuckarelli (2021, S. 164).

Click-and-Collect oder im Online-Shop die Anzeige von Verfügbarkeiten von Produkten in den Filialen ermöglicht.

4.2.2 Internet der Dinge

Beim Internet der Dinge (IoT) geht es vereinfacht gesagt darum, dass nicht mehr nur klassische Computer und mobile Endgeräte wie PCs, Notebooks, Smartphones und Tablets mit dem Internet verbunden werden, sondern auch verschiedenste Geräte und Maschinen, z. B. Kühlschränke, Lautsprecher oder Staubsaugroboter. Neben der Internetkommunikation können diese Objekte durch eingebettete Systeme zusätzliche Aufgaben übernehmen wie die Umwelterfassung mittels Sensoren, Datenauswertung und -speicherung sowie die Beeinflussung der physischen Umwelt durch Aktoren, die elektrische Signale in mechanische Arbeit umwandeln.[19] Dieses Zusammenspiel von mechanischen Komponenten und Informationstechnologie wird als cyber-physisches System bezeichnet.[20]

Diese vernetzten Objekte können autonom miteinander kommunizieren und gemeinsam an vordefinierten Zielen arbeiten wie zum Beispiel der Wartung von Maschinen. Im IoT tritt der Mensch in den Hintergrund, während die vernetzten Objekte in den Vordergrund rücken. Jedes dieser Objekte verfügt über eine eindeutige Internetadresse und ist somit in Echtzeit über das Internet ansprechbar, was eine Vielzahl von Anwendungsmöglichkeiten ermöglicht.[21]

Durch IoT können Einzelhändler ihre Lagerbestände in Echtzeit überwachen. Sensoren und RFID-Technologie ermöglichen eine präzise Verfolgung von Produkten, was zu einer effizienteren Bestandsverwaltung und Minimierung von Engpässen führt. Durch die Integration von IoT in Ladenbereiche können Geschäfte personalisierte Angebote erstellen, die auf den individuellen Präferenzen und dem Kaufverhalten der Kundinnen und Kunden basieren. Smarte Regale können mithilfe von Sensoren Informationen zu Produkten liefern und gezielt auf

---

[19] Hofmann (2018, S. 6).
[20] Urbach und Ahlemann (2016, S. 7).
[21] Wildbihler et al. (2017, S. 312).

mobile Geräte der Kundinnen und Kunden Angebote senden. Smarte Einkaufswagen können Kunden während ihres Einkaufs individuelle Empfehlungen geben. Dies könnte Produktinformationen, Vergleiche oder sogar Rezeptideen basierend auf den im Einkaufswagen befindlichen Artikeln umfassen. Auch Umkleidekabinen können digitalisiert werden und der Kundin oder dem Kunden ein verbessertes Einkaufserlebnis bieten. Beispielsweise könnten die Kundinnen und Kunden mithilfe von digitalen Spiegeln verschiedene Outfits virtuell anprobieren oder sofortige Informationen zu Verfügbarkeit und Preisen erhalten.

4.2.3 Big Data

Schätzungen nach lagen im Jahr 2020 verschiedenen Quellen zufolge weltweit ca. 40 Zettabyte[22] Daten vor, das Bundesministerium für Wirtschaft und Energie geht bei seinen Schätzungen sogar von 50 Zettabyte Daten aus, die z. B. in Form von Bildern, E-Mails, Videos und Audiodateien vorliegen.[23] Wenn sich das weltweite Datenvolumen alle zwei Jahre verdoppelt, wie es manche Forscher vorhersagen, dann werden im Jahr 2024 bereits 200 Zettabyte Daten vorliegen. Um einen Vergleich dieser unvorstellbaren Menge an Daten zu ermöglichen: Forscher schätzen, dass 40 Zettabytes der 57-fachen Menge an Sandkörnern entsprechen, die es insgesamt an allen Stränden der Welt gibt.[24]

Diese umfangreichen Datenmengen sind das Ergebnis einer evolutionären Entwicklung in verschiedenen Phasen und nicht einfach über Nacht entstanden. Die erste Welle großer Datenmengen entstand an Großforschungseinrichtungen wie dem CERN oder dem Hubble Space Telescope, wo Terabytes an Forschungsdaten erzeugt wurden. Als zweite Welle befeuerten die Gründung und der Erfolg von Internetunternehmen wie Google, Amazon und Yahoo die Entstehung weiterer Datenmengen, darunter Texte, Abbildungen und Videos. Die dritte Welle wurde durch die Entwicklung sozialer Netzwerke wie Facebook

---

[22] Ein Zettabyte entspricht einer Milliarde Gigabyte.
[23] BMWi (2020).
[24] Jüngling (2013).

oder LinkedIn geprägt, deren Kernelement das Hochladen und Teilen eigener Inhalte wie Texte, Videos und Bilder ist, was ebenfalls zum Datenwachstum beitrug. Die vierte Welle markiert die Entstehung des Internet of Things, bei dem durch Logfiles und Sensordaten zusätzliche große Datenmengen generiert werden.[25]

Der große Umfang von Datenbeständen reicht jedoch nicht aus, um diese als Big Data zu klassifizieren. Üblicherweise werden neben dem Umfang noch zwei weitere Eigenschaften herangezogen, um Big Data zu charakterisieren. Diese drei Eigenschaften werden gemeinsam auch die 3 Vs genannt:[26]

- **Volume**: Der Datenbestand ist äußerst umfangreich, dabei mindestens im Terabyte-Bereich.
- **Variety**: Die vorliegenden Daten sind äußerst heterogen und stammen aus unterschiedlichen Datenquellen, z. B. Sensordaten, Kassendaten, Kundendaten, Produktdaten.
- **Velocity**: Die anfallenden Datenmengen fallen in kürzester Zeit an und werden idealerweise sofort gespeichert und anschließend analysiert.

Im Laufe der Jahre sind die Eigenschaften von Big Data in der Literatur weiter ergänzt worden, sodass je nach Autor mittlerweile auch bis zu zehn Eigenschaften genannt werden, z. B.:[27]

- **Veracity**: Diese Eigenschaft bezieht sich auf die Richtigkeit, Vollständigkeit und Verlässlichkeit der vorliegenden Daten. Viele der vorliegenden Daten stammen aus Quellen wie z. B. den Social-Media-Kanälen, die von subjektiven Empfindungen und ihrem Kontextbezug geprägt sind. Dies muss zwingend für eine hohe Auswertungsqualität berücksichtigt werden.
- **Value**: Bei dieser Eigenschaft geht es um den Wert, den ein Unternehmen mithilfe der Daten erzielen kann. Der Wert kann

---

[25] Harwardt (2022, S. 57).
[26] Vgl. Gluchowski (2014, S. 402); Weinreich (2016, S. 112–113).
[27] Vgl. Dorschel und Dorschel (2015, S. 6–8); Fasel und Meier (2016, S. 6); Gronwald (2020, S. 93).

nicht nur monetär, z. B. Erhöhung des Umsatzes, sondern auch nicht-monetär sein, z. B. Verbesserung des Unternehmensimages.

Zwar werten gerade viele größere Unternehmen im deutschen Mittelstand ihre Daten mittlerweile strukturiert aus, bei der Analyse dieser Datenmengen kommen jedoch viele Unternehmen an ihre Grenzen.[28] Dies liegt oftmals daran, weil diese Unternehmen auf die klassischen relationalen Datenbanksysteme setzen, die Schwierigkeiten haben, großen Datenbestände performant zu speichern und auszuwerten. Auch steigen die Hardware-Kosten deutlich an, wenn diese Mengen an Daten performant ausgewertet werden sollen.[29] Entsprechend haben sich viele neue Technologien und Analysemethoden gebildet, die ebenfalls als Big Data bezeichnet werden.[30]

Mit Blick auf dem Omnichannel kann Big Data beispielsweise genutzt werden, um eine umfassende Analyse von Kundenverhalten und -präferenzen über verschiedene Kanäle hinweg durchzuführen. Durch die Integration von Daten aus Online- und Offline-Quellen können Unternehmen ein ganzheitliches Bild ihrer Kundinnen und Kunden erstellen und personalisierte Angebote sowie Empfehlungen bereitstellen. Durch die Analyse von Preisdaten in Echtzeit können Unternehmen dynamische Preisstrategien entwickeln. Diese Strategien berücksichtigen Faktoren wie Angebot und Nachfrage, Konkurrenzpreise und individuelle Kundenpräferenzen, um wettbewerbsfähige und attraktive Preise anzubieten. Big Data unterstützt zudem das nahtlose Kundenerlebnis, indem es sicherstellt, dass Kundendaten konsistent über alle Kanäle hinweg verfügbar sind. Dies ermöglicht einen reibungslosen Übergang zwischen Online- und Offline-Touchpoints. Zusätzlich können die Datenmengen genutzt werden, um im Zusammenspiel mit der künstlichen Intelligenz (Abschn. 4.2.4) zukünftige Trends und Entwicklungen vorhersagen. Dies ermöglicht es, frühzeitig auf sich ändernde Kundenbedürfnisse oder Marktverschiebungen zu reagieren.

---

[28] Harwardt (2022, S. 58–59).
[29] Vgl. Fasel und Meier (2016, S. 7).
[30] Vgl. Oswald et al. (2018, S. 16).

4.2.4 Künstliche Intelligenz

Auch wenn Künstliche Intelligenz (KI), oder auf Englisch Artificial Intelligence (AI), insbesondere durch ChatGPT ein viel diskutiertes Thema in Unternehmen und in der Gesellschaft ist, so beschäftigt sich die Forschung mittlerweile seit langer Zeit mit der Entwicklung künstlicher Intelligenzen. Ziel der Forschung war es, Computer mit einer Intelligenz zu versehen, die der des Menschen ähnelt und eigenständig komplexe Probleme lösen kann.[31]

Man unterscheidet bei der künstlichen Intelligenz zwischen einer schwachen und einer starken künstlichen Intelligenz. Die schwache künstliche Intelligenz zielt darauf ab, spezifische Probleme zu lösen wie beispielsweise Spracherkennung. Im Gegensatz dazu versucht starke künstliche Intelligenz, menschliche Denkprozesse vollständig abzubilden. Dies umfasst Fähigkeiten wie das Abwägen bei Unsicherheiten, Kreativität, Empathie und ein eigenes Bewusstsein. Es ist wichtig zu beachten, dass gegenwärtige Fortschritte im Bereich der künstlichen Intelligenz ausschließlich der Kategorie der schwachen künstlichen Intelligenz zugeordnet werden können.[32]

Die künstliche Intelligenz setzt dabei auf komplexe Regelsysteme, die menschliches Verhalten nachahmen sollen und gleichzeitig schneller auf komplexe Problemstellungen angewandt werden können.[33] Dazu können bei der künstlichen Intelligenz das maschinelle Lernen und das Deep Learning zum Einsatz kommen. Der Grundgedanke des maschinellen Lernens besteht darin, Computern die Fähigkeit zu verleihen, sich Anwendungsbeispiele zu merken und aus vorhandenen Daten Gesetzmäßigkeiten sowie Muster ableiten zu können.[34] Dies soll Computer in die Lage versetzen, Prognosen zu generieren und Vorhersagen zu treffen. Hierzu kann festgehalten werden, dass die Qualität des Lernprozesses vom Umfang der Daten und der Anwendungsbeispiele abhängt: Je umfangreicher diese sind, umso besser wird der Lernerfolg

---

[31] Vgl. Urbach und Ahlemann (2016, S. 8).
[32] Harwardt (2022, S. 59).
[33] Vgl. Reinhardt (2020, S. 309).
[34] Vgl. Kollmann und Schmidt (2016, S. 49).

ausfallen.[35] Deep Learning ist ein Teilbereich des maschinellen Lernens, der auf künstlichen neuronalen Netzen beruht. Künstliche neuronale Netze sind ein statistisches Verfahren, dessen Funktionsweise an der des menschlichen Gehirns mit den untereinander verbundenen Neuronen angelehnt ist. Mithilfe von Deep Learning können große Datenmengen verarbeitet und analog zum menschlichen Gehirn Muster erkannt werden. Dies kann computerseitig genutzt werden, um geschriebene oder gesprochene Sprache zu verstehen oder Bilder und Videos zu interpretieren.[36] Hier zeigt sich das mögliche Zusammenspiel von Big Data und künstlicher Intelligenz (Abschn. 4.2.3): Auf der einen Seite können die Datenmengen für ein möglichst effektives Training der KI genutzt werden, auf der andere Seite kann die KI auch genutzt werden, um die großen Datenbestände zu analysieren.

Die Technologie entwickelt sich stetig weiter und bietet immer neue Möglichkeiten für den Einzelhandel. In der Tab. 4.2 finden sich verschiedene Möglichkeiten, wie die künstliche Intelligenz entlang der Customer Journey eingesetzt werden kann.

4.2.5 Virtual Reality und Augmented Reality

Zudem werden Virtual Reality (VR) und Augmented Reality (AR) immer relevanter für den Einzelhandel. VR konzentriert sich darauf, die reale Umwelt auszublenden und den Nutzer oder die Nutzerin in eine in Echtzeit computergenerierte, interaktive virtuelle Umgebung zu versetzen. Die Interaktion des Menschen in dieser virtuellen Realität ist ein wesentliches Merkmal von VR. Head-Mounted-Displays, vereinfacht auch VR-Brillen genannt, ermöglichen den Zugang zur virtuellen Realität und erfassen dabei Kopfbewegungen durch Sensoren. Die Integration von Handcontrollern erlaubt zudem Handbewegungen und klassische Interaktionen in der virtuellen Welt.[37]

Unternehmen haben nun die Möglichkeit, VR auf verschiedene Weisen im Einzelhandel einzusetzen. Virtuelle Filialen bieten den

---

[35] Harwardt (2022, S. 60).
[36] Hildesheim und Michelsen (2019, S. 123).
[37] Harwardt (2022, S. 62).

Tab. 4.2 KI entlang der Customer Journey.
(Quelle: Eigene Darstellung nach Harwardt & Köhler, 2023, S. 33–39)

Vorkaufphase	Kaufphase	Nachkaufphase
• Content-Erstellung, z. B. Produkttexte und Infografiken • Mediaplanung, z. B. für die Social-Media-Werbung • Objekterkennung, z. B. für die Produktsuche per Bild • Produktempfehlungen, z. B. in einer Shopping-App oder einen Online-Shop	• Predictive Analytics, z. B. Vorhersage der Kaufwahrscheinlichkeit • Dynamic Pricing, z. B. zur optimalen Preisgestaltung im Online-Shop • Fraud Detection, z. B. um Betrug bei Online-Einkäufen zuvorzukommen • Conversational Commerce, z. B. das Einkaufen mithilfe von Chatbots oder digitalen Sprachassistenten	• Analyse von Produktrezessionen, z. B. um negative Entwicklungen zu erfassen • After-Sales-Service, z. B. mithilfe von Chatbots

Kundinnen und Kunden die Gelegenheit, durch ein umfassendes Produktsortiment zu stöbern, ohne physisch vor Ort sein zu müssen. Durch den Einsatz von VR-Brillen können die Kundinnen und Kunden von zu Hause aus immersive Shopping-Erlebnisse genießen, indem sie durch virtuelle Geschäfte schlendern und Produkte in detailreicher Betrachtung erleben. Ein weiterer Einsatzbereich von VR liegt in der Schulung von Mitarbeitern und Mitarbeiterinnen. Durch die Simulation realitätsnaher Szenarien können Verkaufs- und Kundenservicefähigkeiten verbessert werden, wodurch die Mitarbeiter und Mitarbeiterinnen effektiver auf unterschiedliche Situationen vorbereitet werden. Zudem bietet VR Unternehmen die Möglichkeit, Produkte oder Dienstleistungen in virtuellen Umgebungen zu präsentieren. Dies erweist sich beispielsweise für Campingartikel als nützlich, da die Kundinnen und Kunden dadurch einen realistischen Eindruck vom Einsatzzweck dieser Produkte erhalten können.

Im Gegensatz dazu steht AR, bei der die reale Welt mit zusätzlichen Informationen oder computer-generierten Inhalten angereichert wird. Im Gegensatz zu VR überwiegt somit bei AR der Anteil der realen Welt. Die Zusatzinformationen in AR sind perspektivenabhängig und verändern sich basierend auf der Blickrichtung des Nutzers oder der Nutzerin.[38] Mit der zunehmenden Verbreitung von Smartphones gewinnt gerade AR in den letzten Jahren an Bedeutung, da mittlerweile die meisten gängigen Browser auf den Smartphones AR unterstützen. Es müssen somit nicht mehr aufwendig eigenen Apps erstellt werden, um dem Nutzer oder der Nutzerin AR zu ermöglichen.

Durch den Einsatz von AR eröffnen sich im Einzelhandel verschiedene Anwendungsmöglichkeiten. Die Kundinnen und Kunden haben beispielsweise die Möglichkeit, mithilfe von AR-Kleidung, Schuhe oder Accessoires virtuell anzuprobieren. Mit Hilfe von AR kann so das Aussehen der Produkte am eigenen Körper simuliert werden, ohne dass diese physisch anprobiert werden müssen. Des Weiteren kann AR im Bereich der In-Store-Navigation genutzt werden. Insbesondere in großen Einkaufszentren oder Geschäften erleichtert AR die Orientierung der Kundinnen und Kunden, indem digitale Hinweise, Wegbeschreibungen oder Produktinformationen direkt auf dem Bildschirm ihres Smartphones angezeigt werden. Ein weiterer Anwendungsbereich von AR liegt in der 3D-Visualisierung von Produkten. Die Kundinnen und Kunden können mithilfe dieser Technologie Produkte in dreidimensionaler Form betrachten, bevor sie eine Kaufentscheidung treffen. Besonders bei größeren Anschaffungen wie Möbeln oder Elektronik bietet die AR-Technologie die Möglichkeit, eine realitätsnahe Vorstellung vom Erscheinungsbild der Produkte zu bekommen. Immer mehr Unternehmen wie IKEA und Otto bieten den Kundinnen und Kunden sogar die Möglichkeit, AR-basiert Produkte in den eigenen vier Wänden zu platzieren. Die Kundinnen und Kunden können so herausfinden, wie diese Produkte dort wirken.

4.2.6 Mobile, Social und Live Commerce

Aktuelle Studien zeigen, dass im Jahr 2023 in Deutschland fast 100 % der Befragten zwischen 14 und 69 Jahren das Internet nutzen. Selbst in der Altersgruppe von 70 Jahre und älter wird es immerhin von 78 %

---
[38] Harwardt (2022, S. 63).

der Befragten genutzt. Dabei gibt es jedoch zwischen den Altersgruppen deutliche Unterschiede bei der täglichen Nutzung: So wird beispielsweise bei der Altersgruppe von 14 bis 19 Jahren das Internet nahezu täglich genutzt, während weniger als die Hälfte der Befragten (46 %) in der Altersgruppe von 70 Jahren und älter täglich auf das Internet zurückgreifen.[39]

Ein ähnliches Bild zeigt sich bei der Nutzung des mobilen Internets. Mit zunehmendem Alter sinkt die mobile Internetnutzung: Nutzen fast 100 % der Befragten zwischen 14 und 49 Jahren das mobile Internet, so sind es in der Gruppe von 50 bis 69 Jahre nur noch 79 % und bei der Gruppe ab 70 Jahren und älter nur noch 44 %. Dennoch kann festgehalten werden, dass insgesamt 82 % der Befragten im Jahr 2023 das Internet mobil nutzen, was eine Steigerung um drei Prozentpunkte gegenüber 2022 und einen neuen Höchstwert bedeutet.[40]

Neben dem Schreiben von E-Mails, dem Telefonieren oder dem Verfassen von Nachrichten werden die mobilen Endgeräte, vornehmlich Smartphones, u. a. zum Recherchieren, Vergleichen und Einkaufen genutzt. Für das Einkaufen, genauer gesagt für den elektronischen Handel über mit dem Internet verbundenen mobilen Endgeräten hat sich der Begriff Mobile Commerce gebildet. Dieser bietet gerade aus Kundensicht viele Vorteile, da der Mobile Commerce nun schneller und ortsungebunden Kundenbedürfnisse befriedigen kann, als wenn die Kundinnen und Kunden zunächst einen PC (E-Commerce) oder sogar ein stationäres Ladengeschäft aufsuchen müssen.[41] Dies bietet aber auch Sicht der Händler Vorteile, da nun beispielsweise Produktempfehlungen, Serviceleistungen oder sogar ortsbezogene Dienste über das Smartphone angeboten werden können.[42] Unternehmen sollten sich daher diesem Kanal nicht verwehren und auch hier ihren Kundinnen und Kunden passende Angebote machen, z. B. mobil-optimierte Webseiten, Shopping- oder Beratungs-Apps.

---

[39] ARD/ZDF Forschungskommission (2023, S. 5–6).
[40] ARD/ZDF Forschungskommission (2023, S. 7).
[41] Deges (2020, S. 4).
[42] Heinemann (2022, S. 203–204).

Zudem können mobile Endgeräte auch in den Filialen zu einem besseren Einkaufserlebnis führen. Mithilfe von Beacon-Technologie können Geschäfte standortbasierte Dienste anbieten. Die Kundinnen und Kunden, die eine Filiale betreten, können basierend auf ihrem aktuellen Standort im Geschäft relevante Informationen, Sonderangebote oder Einkaufstipps auf ihre mobilen Geräte erhalten. Unternehmen können aber auch mobile Endgeräte nutzen, um kassenlose Zahlungssysteme zu ermöglichen: Die Kundinnen und Kunden können Produkte direkt über das Smartphone einscannen, die nötigen Zahlungen automatisch durchführen oder bei Bedarf die Produkte direkt nach Hause bestellen, was den Checkout-Prozess beschleunigt und Wartezeiten minimiert.

Neben dem Shopping wird das mobile Internet auch für den Konsum von Medien genutzt, beispielsweise um Musik über Spotify oder Videos über Netflix oder YouTube zu streamen. Dies haben sich Unternehmen zunutze gemacht und Live Commerce-Formate entwickelt. Bei Live Commerce werden Produkten oder Leistungen in einem eigens dafür erstellten Live-Stream per digitalem Kanal beworben. Nicht zu Unrecht fühlt man sich hier an Teleshopping wie beispielsweise von QVC erinnert. Anders als beim Teleshopping sitzen hier die Zuschauer jedoch nicht passiv vor dem Bildschirm und kaufen bei Gefallen die angebotenen Produkte, sondern sie interagieren untereinander oder mit dem Moderator, z. B., indem sie Erfahrungen mit oder Meinungen zu den Produkten teilen.[43]

Live Commerce ist in Asien, wo es in China erstmalig durchgeführt wurde, bereits ein relevanter Kanal der Umsatzgenerierung. Im Jahr 2023 soll sich der Livestreaming-Social-Commerce-Umsatz (kurz Live Commerce) in China auf rund 281 Mrd. US$ belaufen. Im Jahr 2019 wurden geschätzt „nur" rund 19 Mrd. US$ in China mit Verkäufen per Livestreaming-Events über Social-Media-Plattformen erwirtschaftet.[44]

Neben Shopping und Streaming genießen bei den Nutzern und Nutzerinnen des mobilen Internets auch die sozialen Netzwerke eine hohe Relevanz. Dies haben entsprechend auch die Unternehmen erkannt

---

[43] Richter (2021, S. 27).
[44] Statista (2021).

und bieten daher mittlerweile auch über die sozialen Medien Produkte zum Kauf an, man spricht hier auch von Social Commerce. Bei Social Commerce handelt es sich um den Verkauf von Dienstleistungen und Produkten über Social-Media-Plattformen wie z. B. Facebook, Pinterest und Instagram. Online-Shops verknüpfen ihre Präsenz in sozialen Medien und die erhaltenen Kundenrezensionen und -empfehlungen mit einer direkten Kaufmöglichkeit. Die Kundinnen und Kunden sollen so Käufe direkt abschließen können, sobald sie auf ein interessantes Produkt stoßen – ohne dass sie umständlich in den Online-Shop des Unternehmens wechseln und das Produkt suchen müssen. Darüber hinaus bieten diese Plattformen die Möglichkeit zur direkten Kommunikation mit Marken und Unternehmen, z. B. über Produktrezensionen. Die Nutzer und Nutzerinnen können in kreative Prozesse wie beispielsweise der Erstellung von Modetipps einbezogen werden. Der User-Generated Content wird anschließend online geteilt und enthält Links zu den Online-Shops für den Produkterwerb. Auch Produkte oder Neuigkeiten können hier von den Unternehmen präsentiert werden.[45]

4.2.7 Automatisierung

Viele Unternehmen sehen sich einem intensiven globalen Wettbewerb und einem erheblichem Kostendruck ausgesetzt. Um diesen Herausforderungen zu begegnen, richten sich viele Unternehmen verstärkt auf die Optimierung ihrer Prozesse aus, insbesondere auf wiederkehrende Aufgaben mit vielen manuellen Tätigkeiten, die hohe Personalkosten verursachen, wie etwa Dateneingaben in Informationssysteme. Zur Bewältigung dieses Problems wurde die Robotic Process Automation (RPA) entwickelt, bei der sich Software-Roboter um die Ausführung dieser sich wiederholenden manuellen Aufgaben kümmern. Diese Software-Roboter simulieren die menschlichen Eingaben in Informationssysteme und nutzen dazu die gleiche grafische Oberfläche wie menschliche Benutzer.[46]

---

[45] Kreutzer (2021b, S. 585).
[46] Gadatsch (2020, S. 159).

RPA eignet sich nicht nur für die Dateneingabe, sondern auch für Kontrollfunktionen, Datenüberprüfungen, Berichterstellung, Datenverarbeitung, das Kopieren von Daten zwischen verschiedenen Anwendungssystemen, die Bearbeitung von E-Mails und sogar die Durchführung von Berechnungen. Durch die Integration von RPA und künstlicher Intelligenz können Unternehmen ihre Prozesse effizienter gestalten, Fehlerquoten senken und die Reaktionszeiten verbessern, was letztendlich zu einer optimierten Customer Experience führen kann.[47]

Aber nicht nur Software-Roboter werden zunehmend in den Unternehmen eingesetzt. In vielen Bereichen der Unternehmen werden zunehmend auch abseits der Produktion Roboter eingesetzt, um die Effizienz und die Geschwindigkeit zu steigern und Fehlerquoten zu minimieren, z. B. beim innerbetrieblichen Transport, der Kommissionierung, der Einlagerung oder der Verpackung.[48] Der Sportartikelhändler Decathlon setzt beispielsweise auf Roboter, die außerhalb der Öffnungszeiten die Filialen abfahren und eine Inventur durchführen. Dadurch kann der Kundin oder dem Kunden eine hohe Warenverfügbarkeit geboten werden, während die Mitarbeiter und Mitarbeiterinnen gleichzeitig entlastet werden, sodass sie mehr Zeit auf der Fläche z. B. mit Beratung verbringen können.[49]

4.3 Omnichannel-Strategien im Einzelhandel

Die praktische Umsetzung von Omnichannel-Strategien ist der Schlüssel zum Erfolg im modernen und digital erweiterten Einzelhandel. Die folgenden fünf Schritte können als eine praxisorientierte Anleitung dienen, um eine Omnichannel-Strategie zu entwickeln und anschließend auch umzusetzen Abb. 4.4):[50]

---

[47] Gentsch (2019, S. 49).
[48] Rohde (2016, S. 32).
[49] Decathlon (2022).
[50] Schweizer und Riedel (2022, S. 68–73).

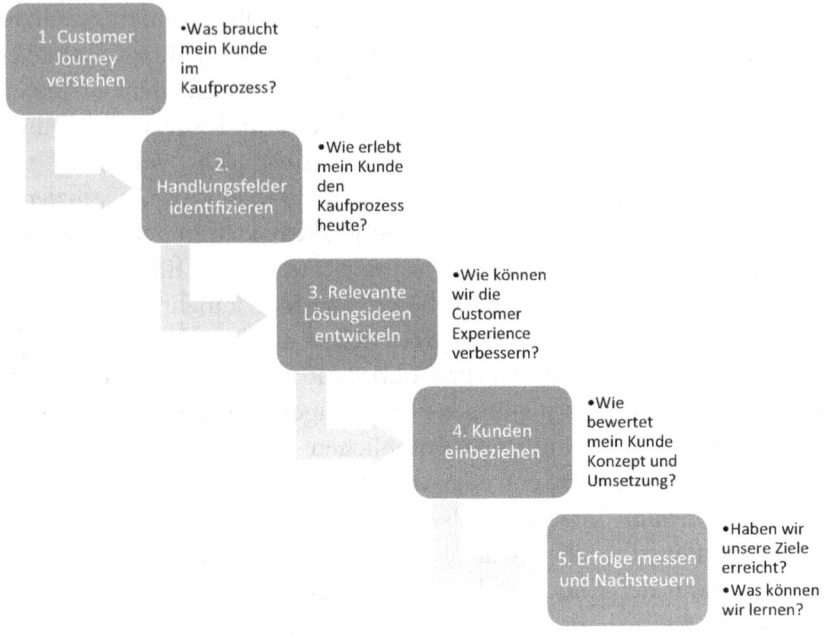

Abb. 4.4 Umsetzungsschritte einer Omnichannel-Strategie. (Quelle: Eigene Darstellung nach Schweizer & Riedel, 2022, S. 68)

1. **Customer Journey verstehen**: Um im Omnichannel erfolgreich zu sein, ist es entscheidend, dass man die Reise der Kundin oder des Kunden kennt und versteht. Dabei ist es ratsam, zwischen verschiedenen Kundentypen zu differenzieren und individuelle Personas zu entwickeln. Es ist unerlässlich, die Customer Journeys dieser unterschiedlichen Personas transparent zu machen und sie somit als Grundlage für die eigene Omnichannel-Strategie zu nutzen.
2. **Handlungsfelder identifizieren und Optimierungsziele definieren**: Im nächsten Schritt ist es essenziell, basierend auf diesem Verständnis der Customer Journey eine gründliche Analyse der aktuellen Situation vorzunehmen. Dabei gilt es zu untersuchen, in welchen Phasen ein Händler gegenwärtig noch nicht den Erwartungen seiner Kundinnen und Kunden gerecht wird und wie die Gesamtheit der Customer Experience bewertet wird. Anschließend gilt es, konkrete Handlungsfelder zu identifizieren. Für jedes dieser Handlungsfelder sollten

daraufhin passende Optimierungsziele festgelegt werden, die klar definieren, was bis zu welchem Zeitpunkt verbessert werden soll. Das übergeordnete Ziel besteht grundsätzlich darin, die Customer Experience gezielt zu optimieren.

3. **Relevante Lösungsideen entwickeln**: Nachdem die Ziele klar definiert und operationalisiert wurden, gilt es, geeignete Lösungsansätze zu entwickeln. Hierbei sollte überlegt werden, wie Omnichannel-Angebote die Erwartungen der Kundinnen und Kunden effektiver erfüllen könnten als die aktuellen Lösungen. Dabei gilt es auch zu überlegen, auf welche konkrete Weise diese Lösungsvorschläge für die zuvor identifizierten Herausforderungen realisiert werden können.

4. **Kundinnen und Kunden in Bewertung, Tests und Rollout einbeziehen**: Um sicherzustellen, dass die entwickelten Lösungsideen auch erfolgreich sind, hat es sich als zielführend erwiesen, die Kundinnen und Kunden frühzeitig einzubeziehen. Dies kann bereits während der Ideenfindung geschehen, beispielsweise durch kollaborative Workshops, bei denen ein Händler mit ausgewählten Kundinnen und Kunden die in Schritt 2 identifizierten Probleme als Ausgangspunkt nutzen, um gemeinsam Lösungsansätze zu entwickeln. Die Einbindung der Nutzerperspektive, die durch solche Kunden-Workshops gewonnen wird, liefert oft völlig neue Lösungsansätze. Ein positiver Nebeneffekt besteht darin, dass ein solcher Kunden-Workshop die Wertschätzung stärkt, die die beteiligten Kundinnen und Kunden dem Unternehmen entgegenbringen. Die Kundinnen und Kunden fühlen sich als Experten ernstgenommen, was wiederum ihre Loyalität zum Unternehmen festigt. Auch nach der Ideenfindung sollten die Kundinnen und Kunden in den erfolgreichen Entwicklungsprozess der Omnichannel-Strategie einbezogen werden, z. B. bei der Bewertung von Konzepten, dem Testen von Prototypen oder bei der Evaluierung von Maßnahmen nach der Markteinführung.

5. **Erfolge messen, nachbessern und für weitere Maßnahmen lernen**: Neben der Einbeziehung der Kundinnen und Kunden ist es nach der Markteinführung von entscheidender Bedeutung, die Erfolgsmessung ehrlich und konsequent anzugehen. Es ist wichtig zu evaluieren,

was gut funktioniert und weiter ausgebaut werden sollte, sowie auch zu identifizieren, was noch nicht optimal ist und wie es verbessert werden kann. Die gewonnenen Erfahrungen sollten genutzt werden, um weitere Omnichannel-Maßnahmen zu entwickeln. Eine konsequente Überprüfung, inwiefern die identifizierten Handlungsfelder tatsächlich optimiert werden konnten und in welchem Ausmaß die definierten Ziele erreicht wurden, ist essenziell für den Erfolg einer Omnichannel-Strategie. Nur durch diese systematische Bewertung kann ein Händler die Customer Experience seiner Kundinnen und Kunden kontinuierlich verbessern.

Douglas' Omnichannel-Strategie

Douglas, ein führender Einzelhändler für Parfüm und Kosmetik, hat sich in den letzten Jahren zu einem der Vorreiter im Bereich des Omnichannel-Einzelhandels entwickelt. Durch die Integration von Online- und Offline-Kanälen hat Douglas seinen Kundinnen und Kunden ein nahtloses Einkaufserlebnis ermöglicht. Die Kundinnen und Kunden können online auf ein großes Sortiment zugreifen, ihre Produkte in einer Filiale reservieren und dort abholen oder sich direkt nach Hause liefern lassen.

Die Omnichannel-Strategie von Douglas umfasst auch die Nutzung von Kundenbewertungen und -meinungen, um das Sortiment ständig zu verbessern und den Kundenbedürfnissen gerecht zu werden. Darüber hinaus hat Douglas eine eigene App entwickelt, die den Kundinnen und Kunden personalisierte Angebote, Produktinformationen und die Möglichkeit bietet, ihre Douglas-Card zu verwalten.

Fielmanns Omnichannel-Ansatz

Fielmann, ein führender Optiker in Deutschland, hat ebenfalls eine erfolgreiche Omnichannel-Strategie umgesetzt. Die Kundinnen und Kunden können ihre Sehstärke online überprüfen, Brillen virtuell anprobieren und bestellen oder einen Termin in einer Filiale vereinbaren. Durch die Verknüpfung von Online- und Offline-Kanälen ermöglicht Fielmann den

> Kundinnen und Kunden, ihre Brillen in einer Filiale abzuholen, anzupassen und Serviceleistungen wie kostenlose Reinigung und Reparaturen in Anspruch zu nehmen.
> Die Omnichannel-Strategie von Fielmann umfasst auch die Identifizierung von Kundenbedürfnissen und die Entwicklung von zielgerichteten Marketingkampagnen. Dazu gehört der Einsatz von KI und Datenanalyse, um Trends und Kundensegmente zu identifizieren und das Angebot an Brillen und Kontaktlinsen ständig zu erweitern.

Der Gesamtkontext zählt, daher ein umfassenderes Strategiemodell

Grundsätzlich sollte bei der Entwicklung einer Omnichannel-Strategie jedoch bedacht werden, dass diese stets in den Unternehmensgesamtkontext einzubetten ist. Konkret bedeutet das, dass zunächst die Unternehmensgesamtziele zu ermitteln sind, aus denen sich die konkreten Marketingziele ableiten lassen. Erst wenn die Marketingziele festgelegt wurden, lassen sich spezifische Ziele für das Omnichannel-Marketing ableiten.[51]

Diesen Ausführungen nach erscheint die praxisorientierte Sichtweise der Entwicklung einer Omnichannel-Strategie ein wenig zu vereinfacht, da diese Abhängigkeiten nicht betrachtet werden. Ausgehend von diesen Überlegungen kann ein Modell vorgeschlagen werden, dass sich an der allgemeinen Strategieentwicklung orientiert, siehe Abb. 4.5:[52]

1. **Entwicklung einer Zielhierarchie**: Im ersten Schritt gilt es, die Ziele für das gesamte Unternehmen festzulegen. Sind die Unternehmensziele ermittelt, so können davon die verschiedenen Bereichsziele abgeleitet werden. Dazu gehören beispielsweise neben Produktionszielen auch die Marketingziele. Erst wenn die Ziele des Unternehmens und die Marketingziele ermittelt sind, können die Ziele für das Omnichannel-Marketing aufgestellt werden, das dieses eindeutig in das Marketing eingebettet ist. Bei der Entwicklung der

---

[51] Wirtz (2022, S. 71).
[52] Thommen et al. (2023, S. 647).

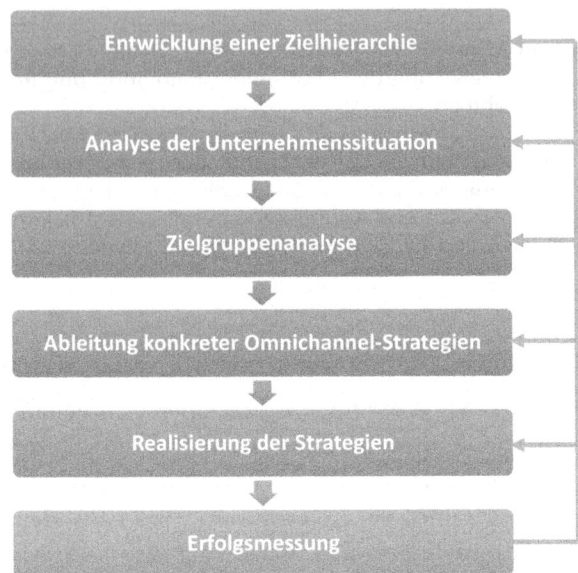

Abb. 4.5 Ganzheitliche Entwicklung einer Omnichannel-Strategie. (Quelle: Eigene Darstellung)

Zielhierarchie ist darauf zu achten, dass keine konkurrierenden Zielbeziehungen existieren, d. h. dass die Erfüllung des einen Ziels nicht den Zielerreichungsgrads eines anderen minimiert.[53]

2. **Analyse der Unternehmenssituation**: Im nächsten Schritt wird die aktuelle Situation des Unternehmens erfasst. Dabei wird sowohl die Mikro- und Makroumwelt des Unternehmens als auch eine interne Bewertung des Unternehmens durchgeführt. Zur Analyse der Mikro- und Makroumwelt können etablierte Hilfsmittel wie die Branchenstrukturanalyse nach Porter oder die PESTLE-Analyse (Political, Economic, Sociological, Technological, Environment und Legal) genutzt werden. Um die Stärken und Schwächen des Unternehmens zu analysieren, können ebenfalls bewährte Werkzeuge wie die Wertekette nach Porter zur Hilfe genommen werden.[54]

---

[53] Paul (2015, S. 472).
[54] Wirtz (2022, S. 268–272).

3. **Zielgruppenanalyse:** Bevor ein Unternehmen konkrete Strategien ableitet, sollte es sich eingehender mit den Zielgruppen auseinandersetzen, die mit den verschiedenen Omnichannel-Strategien und -Maßnahmen angesprochen werden sollen. Hier gilt: Je besser man die Zielgruppen versteht, umso erfolgreicher wird man als Unternehmen agieren können.[55] Um seine Zielgruppe besser eingrenzen zu können, kann auf bewährte Instrumente der Marktforschung wie z. B. die Kundenbefragungen oder Panel-Untersuchungen zurückgegriffen werden.[56] Sind die eigentlichen Zielgruppen definiert, so lassen sich daraus Personas ableiten. Bei einer Persona handelt es sich um eine fiktive, aber detaillierte Darstellung einer typischen Kundin oder eines typischen Kunden, der als Stellvertreter für eine Kundengruppe steht. Diese Darstellung umfasst demografische Informationen, Verhaltensmuster, Vorlieben, Bedürfnisse und andere Charakteristika, die nun dabei helfen können, die Zielgruppen besser zu verstehen und eine zielgerichtete Omnichannel-Strategie zu entwickeln.[57]
4. **Ableitung konkreter Omnichannel-Strategien:** Anschließend kann man sich auf Basis der bisherigen Analysen der Entwicklung von Omnichannel-Strategien zuwenden. Insbesondere um die interne Sicht auf das Unternehmen und die externen Perspektiven zusammenzutragen, hat sich die SWOT-Analyse bewährt. Dabei handelt es sich um eine strategische Managementmethode, die die Stärken (Strengths), Schwächen (Weaknesses), Chancen (Opportunities) und Risiken (Threats) eines Unternehmens identifiziert. Durch die Bewertung dieser internen und externen Faktoren bietet die SWOT-Analyse einen umfassenden Überblick über die aktuelle Situation und ermöglicht die Entwicklung von Strategien und die Generierung von Wettbewerbsvorteilen.[58]
5. **Realisierung der Strategien:** Viele erfolgversprechende Strategien scheitern, weil die Umsetzung in die Praxis nicht recht gelingen mag. Unternehmen müssen daher die Veränderungen, die mit den

---

[55] Vogt (2018, S. 17–18).
[56] Kreutzer (2022, S. 148–152).
[57] Kirchem und Waack (2021, S. 2).
[58] Kreutzer (2022, S. 112).

neuen Strategien einhergehen, erkennen und sorgsam begleiten. Um die Identifikation mit den neuen Omnichannel-Strategien zu stärken, sollten Führungskräfte von Beginn an in den Entwicklungsprozess eingebunden werden. Die Unterstützung der oberen Führungsebene ist entscheidend, da sie durch ihre Vorbildfunktion die Akzeptanz der Strategie beeinflusst. Die Einbeziehung aller Mitarbeiter und Mitarbeiterinnen in die Umsetzung ist unerlässlich, da die Realisierung nicht allein Sache der Führungskräfte ist. Eine stufengerechte interne Kommunikation fördert dabei die Auseinandersetzung mit den neuen Strategien und somit die Motivation und das Engagement der Mitarbeiter und Mitarbeiterinnen. Dabei sollte jedoch bedacht werden, dass Strategien nur einen Handlungsrahmen setzen: Es sind somit konkrete Maßnahmen notwendig, um den gewünschten Wandel herbeizuführen.[59]

6. **Erfolgsmessung**: Nach der Umsetzung der Strategien sollten diese hin auf ihren Erfolg überwacht werden. Die Überwachung von realisierten Strategien ist entscheidend, um sicherzustellen, dass die mit den Strategien verbundenen Ziele erfolgreich erreicht werden. Sie ermöglicht eine laufende Bewertung der Fortschritte, Identifizierung von potenziellen Herausforderungen und rechtzeitige Anpassung von Strategien an sich ändernde Marktbedingungen. Dabei kann beispielsweise der Einsatz von Balanced Scorecards helfen.[60] Durch eine systematische Überwachung kann das Management frühzeitig auf Abweichungen reagieren und beispielsweise die Ziele ändern, die gewählten Strategien revidieren oder auch den Ressourceneinsatz erhöhen.[61]

---

[59] Thommen et al. (2023, S. 652–653).
[60] Lebrenz (2017, S. 227).
[61] Thommen et al. (2023, S. 654).

Erkenntnisse zur Customer Journey im Omnichannel
Folgende Erkenntnisse zur Customer Journey im Omnichannel sollten Unternehmen berücksichtigen, wenn sie konkrete Maßnahmen entwickeln:[62]

- **Gefühl und Schnelligkeit:** Die Entscheidung von Kundinnen und Kunden für einen Kauf, ob nun online oder offline, wird davon beeinflusst, wo sie sämtliche erforderlichen Informationen für eine fundierte Kaufentscheidung erhalten und um welche Produktart es sich handelt. Stationäre Ladengeschäfte werden präferiert, insbesondere wenn Kundinnen und Kunden Wert auf ein haptisches Erlebnis in Bezug auf das Produkt legen. Online-Shopping hingegen wird bevorzugt, wenn es um einfache und bequeme Einkaufserlebnisse geht.
- **Kombination bevorzugt:** Die Kundinnen und Kunden favorisieren eine Kombination verschiedener Vertriebskanäle, da sie dadurch eine verbesserte Grundlage für ihre Kaufentscheidungen erwarten, z. B. besseren Zugang zu den Produkten, attraktivere Angebote, eine höhere Effizienz und umfassendere Informationen. Omnichannel-Händler sind demnach gefordert, ein durchgängiges und einheitliches Einkaufserlebnis sicherzustellen sowie eine hohe Produktverfügbarkeit zu gewährleisten.
- **Webseite als Informationsquelle:** Die Händler-Website ist für Konsumentinnen und Konsumenten von entscheidender Bedeutung als zentraler Informationspunkt für den gesamten Kaufprozess. Daher ist es essenziell, dass die Händler-Webseite relevante und nützliche Informationen bereitstellt: So erwarten die Kundinnen und Kunden vor dem Besuch des Ladengeschäfts dort klare Angaben zur Verfügbarkeit der gewünschten Artikel in den Filialen. Das Google-Unternehmensprofil kann dabei als digitaler Zugangspunkt zum physischen Ladengeschäft fungieren.
- **Nahtloses Einkaufserlebnis:** Um Käufer langfristig zu binden, ist es unabdingbar, dass Händler ein durchgängiges Einkaufserlebnis ohne Unterbrechungen über die verschiedenen Kanäle

---

[62] Google (2022, S. 9–10).

hinweg gewährleisten. Käufer wenden sich von Händlern ab, wenn diese fehlerhafte oder unvollständige Informationen zum Ladengeschäft bereitstellen, schlechten Kundenservice bieten, unterschiedliche Preise und Rückgabeprozesse auf verschiedenen Kanälen aufweisen, den Einkauf nur mit Kundenkonto ermöglichen, die bevorzugte Zahlungsmethode nicht verfügbar ist oder unflexible Lieferoptionen angeboten werden.

- **Zusatzangebote ausweiten**: Click-and-Reserve, umweltfreundliche Verpackung und Lieferung sowie unterstützende technische Anwendungen in den Filialen, die über eine App zugänglich sind, wirken kaufanregend: 70 % aller deutschen Verbraucher verwenden Apps von Händlern. Die Hauptgründe für die Nutzung dieser Apps sind zusätzliche Funktionen sowie die benutzerfreundlichere Handhabung im Vergleich zur Website.

> Oftmals reichen daher bereits einfache Ansätze, um aus Kundensicht das Omnichannel-Angebot zu verbessern. Die Kundinnen und Kunden schätzen am Omnichannel-Ansatz das Beste aus der Online- und aus der Offline-Welt. Daher sollte der Onlineshop unbedingt in die Ladengeschäfte integriert werden. Die Website des Händlers fungiert als primäre Anlaufstelle für alle Informationen im Zusammenhang mit dem Kauf. Händler sollten ein Verständnis dafür entwickeln, welche Informationen für die Käufer von Nutzen sind und sicherstellen, dass diese Informationen auch gut auffindbar bereitgestellt werden. Die Kundinnen und Kunden legen Wert darauf, dass von Unternehmen ihre aufgewendete Zeit geschätzt wird. Daher sollte die Customer Journey so reibungslos wie möglich gestaltet sein, beispielsweise durch die Anzeige der Verfügbarkeit von Produkten sowohl online als auch offline oder der transparenten Darstellung von Lieferoptionen.[63]

---

[63] Google (2022, S. 11).

4.4 Herausforderungen bei der Implementierung von Omnichannel-Strategien

Die Implementierung einer Omnichannel-Strategie im Einzelhandel ist kein einfacher Prozess. Unternehmen stehen vor zahlreichen Herausforderungen, die es zu bewältigen gilt, um ein erfolgreiches und konsistentes Kundenerlebnis über alle Kanäle hinweg zu gewährleisten. Dieser Abschnitt befasst sich mit den Hauptproblemen und Lösungen, die bei der Implementierung von Omnichannel-Strategien bestehen.

4.4.1 Herausforderung Datenintegration und -management

Wie die Tab. 4.3 zeigt, gibt es mittlerweile für ein Unternehmen vielfältige Möglichkeiten, relevante Daten z. B. über die Kundinnen und Kunden generieren zu können. Diese Daten können nun beispielsweise genutzt werden, um die Kundinnen und Kunden individuell anzusprechen und ihnen Produktempfehlungen geben zu können. Neben der Kaufwahrscheinlichkeit steigt auch die Wahrscheinlichkeit einer Nachbestellung, wenn die Kundinnen und Kunden personalisiert angesprochen werden. Auch standortbasierte Informationen wie beispielsweise das Anzeigen von Geschäften und dazugehörigen Rabattaktionen in der Nähe eines Smartphone-Nutzers oder -Nutzerin kann einen Mehrwert darstellen, obwohl hiermit zum Teil Datenschutzbedenken einhergehen.[64]

Eine der größten Herausforderungen bei der Implementierung einer Omnichannel-Strategie besteht darin, diese verschiedenen Datenquellen zu integrieren und effektiv zu verwalten. Unternehmen müssen in der Lage sein, Kundendaten aus unterschiedlichen Kanälen wie Online-Shop, stationärem Handel und sozialen Medien zusammenzuführen, um

---

[64] Arz (2020, S. 11–13).

Tab. 4.3 Systematik der Datenquellen. (Quelle: Eigene Darstellung nach Wirtz, 2022, S. 130)

	Transaktion	Konsument	Extern
Offline	• Beratung • Kauf	• Gewinnspiele • Befragung • Informationsanforderung	• Adressbroker • Tauschpartner • Branchenverzeichnis
Online	• Beratung • Kauf	• Registrierungsseiten • Online-Communities • Protokolldaten	• Firmen-Websites • Websites der Interessenvertreter (Verbände)
Hybrid		• Loyalitätsprogramme • Kundenclubs • Rabattkarten	

ein optimales Kundenerlebnis zu gewährleisten. Hierzu stehen beispielsweise folgende Technologien zur Verfügung:[65]

- **On-Line Analytical Processing (OLAP)**: On-Line Analytical Processing (OLAP) ist eine Datenverarbeitungsmethode, die es ermöglicht, multidimensionale Daten in Echtzeit zu analysieren.
- **Data Mining**: Data Mining bezieht sich auf den Prozess der Entdeckung von verborgenen Mustern, Zusammenhängen und Informationen in großen Datensätzen durch den Einsatz von fortgeschrittenen statistischen, mathematischen oder maschinellen Lernmethoden, um wertvolle Erkenntnisse für unternehmerische Entscheidungen zu gewinnen. Es ermöglicht die Extraktion von bisher unbekannten Informationen aus großen Datenmengen zur Identifikation von Trends und Mustern.
- **Text Mining**: Text Mining bezeichnet die Anwendung von Methoden aus der Informatik und Linguistik zur automatisierten Extraktion von relevanten Informationen, Muster und Erkenntnissen aus großen Mengen unstrukturierter Textdaten, wie sie in Dokumenten oder z. B. E-Mails vorkommen. Ziel ist es, durch die Analyse von Texten neue Einsichten zu gewinnen und Muster in natürlicher Sprache zu identifizieren.

---

[65] Wirtz (2022, S. 130).

- **Web Mining**: Die Anwendung von Datenanalysetechniken auf Informationen, die aus dem World Wide Web gewonnen werden, um Muster, Trends und Einsichten in Bezug auf Benutzerverhalten, Website-Strukturen und Inhalte zu extrahieren, werden als Web Mining bezeichnet.

> Ein zentralisiertes Datenmanagement-System kann helfen, die Datenintegration zu erleichtern. Dabei sollten alle relevanten Informationen aus den verschiedenen Kanälen zusammengeführt und miteinander verknüpft werden, um ein vollständiges Bild der Kundenaktivitäten zu erhalten. Die Nutzung von Cloud-Technologie und APIs zur Verknüpfung von Datenquellen kann den Prozess vereinfachen und die Datenverfügbarkeit in Echtzeit gewährleisten.

4.4.2 Herausforderung Technologieauswahl und -implementierung

Die Auswahl der richtigen Technologien und die Implementierung von Omnichannel-Lösungen kann eine Herausforderung sein, insbesondere in einem sich ständig weiterentwickelnden technologischen Umfeld. Im Zentrum steht dabei oftmals Make-or-Buy-Entscheidungen. Dabei wird entschieden, ob es eine bestimmte IT-Lösung, Software oder Dienstleistung selbst entwickeln („Make") oder von externen Anbietern erwerben („Buy") soll. Diese Entscheidung hat weitreichende Auswirkungen auf Ressourcenallokation, Kostenstrukturen und die Gesamtstrategie des Unternehmens.

Entscheidet sich ein Unternehmen sich für „Make", bedeutet dies, dass die interne Kompetenz und Ressourcen vorhanden sein oder ggfs. auch aufgebaut werden müssen, um die benötigte IT-Lösung oder Dienstleistung intern zu entwickeln und zu warten. Dies kann sinnvoll sein, wenn das Unternehmen spezifische Anforderungen hat, die nicht durch vorhandene Produkte auf dem Markt erfüllt werden können, oder wenn damit Wettbewerbsvorteile erzielt werden können. Wenn ein

Unternehmen sich für „Buy" entscheidet, erwirbt es die benötigte IT-Lösung oder Dienstleistung von externen Anbietern oder auf dem Markt verfügbaren Produkten. Dies kann kostengünstiger und schneller sein, da es oft auf etablierte Lösungen zurückgreift, anstatt diese von Grund auf neu zu entwickeln. Dies kann z. B. sinnvoll sein, wenn das Unternehmen keine spezifischen Wettbewerbsvorteile durch die interne Entwicklung der entsprechenden Technologie erzielen möchte.

Grundsätzlich sollten bei einer Make-or-Buy-Entscheidung vielfältige Faktoren wie beispielsweise Kosten, Zeitrahmen, strategischen Relevanz, Ressourcenverfügbarkeit und Komplexität berücksichtigt werden. Leider zeigt sich in der Praxis oft, dass gerade die reine Wirtschaftlichkeitsbetrachtung den Ausschlag bei der Make-or-Buy-Entscheidung gibt.[66]

> Am Markt gibt es viele Unternehmen sowie Berater und Beraterinnen, die Unternehmen bei einer Make-or-Buy-Entscheidung unterstützen können. Hat man sich für ein „Buy" entschieden, dann sollten Unternehmen mit erfahrenen Technologieanbietern zusammenarbeiten und Lösungen wählen, die auf ihre spezifischen Anforderungen zugeschnitten sind. Dabei sollte darauf geachtet werden, dass die ausgewählten Systeme skalierbar und flexibel sind, um zukünftige Anforderungen zu erfüllen. Es ist auch wichtig, die Implementierung sorgfältig zu planen und das gesamte Team in den Prozess einzubeziehen, um mögliche Probleme frühzeitig zu identifizieren und zu lösen.

4.4.3 Herausforderung positive Kundenerfahrung

Bereits in den vorherigen Abschnitten wurde ausführlich auf die Notwendigkeit hingewiesen, eine positive Kundenerfahrungen über alle Kanäle hinweg aufzubauen. Gemäß den Ausführungen in Abschn. 2.2 ist es daher notwendig, dass ein Kunde über verschiedene Consumer Touchpoints hinweg ein kohärentes Bild im Sinne einer einheitlichen Markenidentität und des damit verbundenen Markenversprechens präsentiert bekommt. Ebenso sollten alle Customer Touchpoints einheitlich der Corporate Identity folgen, sodass den Kundinnen und

---

[66] Johanning (2019, S. 157).

Kunden über die verschiedenen Customer Touchpoints ein einheitlicher Auftritt geliefert wird. Auch sollten die Customer Touchpoints gezielt auf den jeweiligen Nutzungskontext zugeschnitten werden. Eine Shopping-App sollte beispielsweise auf einen schnellen und reibungslosen Einkaufsprozess ausgerichtet werden. Zusätzlich sollte ein nahtloser Wechsel zwischen den verschiedenen Touchpoints möglich sein, z. B. beim Wechsel einer Kundin oder eines Kunden von einer App zum Onlineshop.

Da bereits auf die Bedeutung der Daten und ihrer Auswertung sowie der Technologie eingegangen wurde, soll hier betont werden, dass ein kohärentes Bild des Unternehmens sowie die Einhaltung der Corporate Identity über alle Customer Touchpoints hinweg ohne das Zusammenspiel verschiedener Abteilungen unmöglich werden; Nur wenn verschiedene Bereiche wie beispielsweise das Marketing, der Vertrieb, die IT und der Kundenservice sich abstimmen und zusammenarbeiten, können die Kundinnen und Kunden auf allen Kanälen und allen Customer Touchpoints dieselbe Botschaft erhalten und ihre Bedürfnisse erfüllen.

> Unternehmen sollten eine einheitliche Omnichannel-Strategie entwickeln, die alle Abteilungen und Kanäle umfasst. Dabei sollten sie sicherstellen, dass alle Mitarbeiterinnen und Mitarbeiter auf die gleichen Informationen zugreifen können, und dass sie sich an dieselben Prozesse und Richtlinien halten. Außerdem sollten Unternehmen ihre Kundenkommunikation individuell anpassen, um so ein personalisiertes und möglichst auch konsistentes Erlebnis über alle Kanäle hinweg zu bieten.

4.4.4 Herausforderung Engagement des Personals

Einige Unternehmen versäumen es, ihre Mitarbeiterinnen und Mitarbeiter ausreichend über die Omnichannel-Strategie zu informieren und sie in den Prozess einzubeziehen. Dies führt oft zu Missverständnissen und Schwierigkeiten bei der Umsetzung. Auch die Akzeptanz für die Omnichannel-Maßnahmen seitens der Mitarbeiter und Mitarbeiterinnen kann erheblich darunter leiden. Hier empfiehlt sich der konsequente Einsatz von Methoden und Ansätzen des Change-Managements. Unter Change-Management kann die Steuerung von tiefgreifenden und geplanten Veränderungen in Organisationen aufgefasst werden. Dabei bezieht sich Change-Management in erster Linie auf die Menschen im Unternehmen, um diese auf die künftigen Situationen im Unternehmen vorzubereiten. Dies betrifft beispielsweise die Akzeptanz der Veränderung oder die Bereitschaft zur Mitarbeit am Veränderungsprozess. Die eigentliche Realisierung der Veränderung wird in der Regel durch Projektmanagement abgedeckt.[67]

Wenn Change-Management sich auf die Menschen im Kontext von Veränderungsprozessen fokussiert, dann gibt es drei Möglichkeiten, an denen Methoden des Change-Managements ansetzen können:[68]

1. **Individuen:** Individuen fungieren als die kleinsten sozialen Einheiten innerhalb organisatorischer Strukturen. Ihre aktive Beteiligung ist essenziell für jeden Wandel in Unternehmen. Im Kontext des Change-Managements beinhaltet dies nicht nur die Entwicklung von Fähigkeiten zur Anpassung an neue Herausforderungen, sondern auch die Förderung einer positiven Einstellung gegenüber den definierten Zielen des Wandels und der aktiven Mitarbeit daran.
2. **Unternehmensstrukturen:** Change-Management bezieht sich auf die gezielte Verwaltung organisatorischer Veränderungen, die formale Aufbau- und Ablaufstrukturen ebenso umfassen wie Strategien und Ressourcen. Obwohl Veränderungen auf formaler Ebene in der Theorie einfach zu implementieren sind, gestaltet sich der Prozess in der Praxis oft komplex, da informelle Strukturen existieren. Diese informellen Strukturen entwickeln sich langfristig und auf eine gewisse evolutionäre Weise, was dazu führen kann, dass sie sich gegen Veränderungen auf formaler Ebene widersetzen.
3. **Unternehmenskulturen:** Die gerade kurz beschriebenen anhaltenden und überwiegend informellen Strukturen, welche die Einstellungen,

---

[67] Chies (2016, S. 11–12).
[68] Lauer (2019, S. 7–8).

Werthaltungen und informellen Umgangsregeln prägen, werden auch als Unternehmenskultur bezeichnet. Diese Kultur ist weitgehend unabhängig von den individuellen Präferenzen der Mitarbeiter und Mitarbeiterinnen. Eine Veränderung, die ausschließlich auf individueller oder struktureller Ebene stattfindet, ohne die Berücksichtigung der Unternehmenskultur, kann häufig mit erheblichen Schwierigkeiten verbunden sein oder sogar zum vollständigen Scheitern führen.

Im Bereich des Change-Managements wurden in den vergangenen Jahren verschiedene Modelle entwickelt, um Unternehmen bei der Realisierung ihrer Veränderungsvorhaben zu unterstützen. Eines der bekanntesten Modelle dürfte das Modell nach Kotter sein, der auf Grundlage von typischen Fehlern in Veränderungsprojekten ein Vorgehensmodell entwickelt hat, dass aus acht verschiedenen Stufen besteht (siehe Abb. 4.6):[69]

1. **Ein Gefühl der Dringlichkeit erzeugen**: Kotter betont die Bedeutung, eine klare und überzeugende Begründung für den Wandel zu schaffen. Das Ziel ist es, eine breite Unterstützung und ein Verständnis dafür zu schaffen, warum Veränderungen notwendig sind.
2. **Eine Führungskoalition aufbauen**: Hierbei geht es darum, ein Team zu formen, das den Wandel vorantreiben soll. Sie sollten Einfluss auf die Mitarbeiterinnen und Mitarbeiter ausüben können und von diesen respektiert werden, um diese für die Veränderungen zu aktivieren.
3. **Eine Vision und Strategie entwickeln**: Eine klare Vision und eine umsetzbare Strategie sind entscheidend, um den Wandel zu lenken. Die Vision dient als Leitbild und gibt den Mitarbeitern und Mitarbeiterinnen eine klare Vorstellung davon, wohin die Organisation sich entwickeln soll. Die Vision sollte realistisch und vorstellbar sein.
4. **Die Vision des Wandels kommunizieren**: Die Vision sollte in regelmäßigen Abständen und über diverse Kommunikationskanäle

---

[69] Kaune et al. (2021, S. 7–10); Schmitz (2022, S. 7–9).

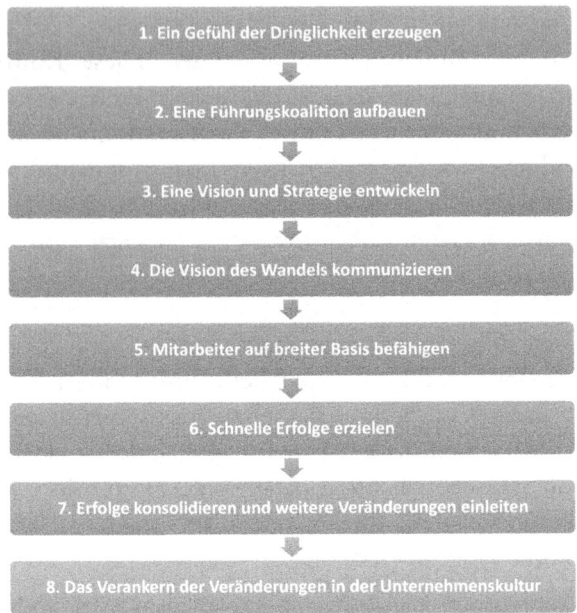

Abb. 4.6 8-Stufen-Modell nach Kotter. (Quelle: Eigene Darstellung nach Kaune et al., 2021, S. 7–8)

verbreitet werden, um eine breite Reichweite zu gewährleisten. Es ist wichtig, die Möglichkeit von Fehlinterpretationen offenzulegen und aktiv anzusprechen, um Missverständnisse zu minimieren. Durch eine wiederholte und vielfältige Kommunikation wird nicht nur die Klarheit der Vision gefördert, sondern auch ein Raum geschaffen, um potenzielle Missverständnisse zu identifizieren und zu klären.

5. **Mitarbeiter und Mitarbeiterinnen auf breiter Basis befähigen**: Die aktive Einbindung der Mitarbeiter und Mitarbeiterinnen in den Veränderungsprozess ist von großer Bedeutung, um sicherzustellen, dass sie sich verstärkt mit den Veränderungen und den damit verbundenen Chancen auseinandersetzen, anstatt potenzielle Gegenargumente zu entwickeln. Dabei ist es wichtig, Konflikte nach Möglichkeit zu beseitigen, um eine reibungslose Integration der Veränderungen zu gewährleisten. Darüber hinaus sollten die Mitarbeiter und Mitarbeiterinnen die Möglichkeit erhalten, sich bereits im

Vorfeld mit dem geänderten Verhalten vertraut zu machen, um einen schrittweisen und gut informierten Übergang zu ermöglichen.

6. **Schnelle Erfolge erzielen**: Es ist wichtig, kurzfristige Ziele zu definieren, die die Mitarbeiter und Mitarbeiterinnen motivieren, kontinuierlich am Veränderungsvorhaben festzuhalten. Diese kurzfristigen Erfolge sollten klar sichtbar, zeitlich terminiert und eindeutig formuliert sein. Dadurch können die Mitarbeiter und Mitarbeiterinnen die Fortschritte erkennen und insbesondere auch anerkennen, was wiederum ihre Motivation stärkt und eine positive Dynamik für das gesamte Veränderungsprojekt schafft.

7. **Erfolge konsolidieren und weitere Veränderungen einleiten**: Nach den ersten Erfolgen gilt es, den Wandel zu festigen und weiter voranzutreiben. Dazu zählt es, auf den bisherigen Erfolgen aufzubauen und nach neuen Impulsen für Veränderung zu suchen, da Unternehmen ständig Veränderungen ausgesetzt sind.

8. **Das Verankern der Veränderungen in der Unternehmenskultur**: Damit die Veränderungen nicht wieder verschwinden, sollten diese in die Unternehmenskultur eingebettet werden – schließlich tendieren Menschen dazu, in alte Muster zurückzufallen. Um die erreichten Veränderungen weiter zu festigen, sollte regelmäßig auch kommuniziert werden, wie die Veränderungen sich auf das Unternehmen ausgewirkt haben.

Die Mitarbeiterinnen und Mitarbeiter sollten aktiv in den Planungs- und Implementierungsprozess eingebunden werden, um ihr Engagement und Verständnis für die neuen Prozesse zu fördern. Dazu sollte ihnen unbedingt die Bedeutung der Omnichannel-Strategie vermittelt werden – und wie sie dazu beitragen können, ein erfolgreiches Kundenerlebnis zu gewährleisten.

4.4.5 Herausforderung Schulung des Personals

Die erfolgreiche Implementierung einer Omnichannel-Strategie erfordert auch die Einbindung und Schulung der Mitarbeiter und Mitarbeiterinnen. Verschiedene Untersuchungen belegen die Auswirkungen, die das Verhalten und die Kompetenzen der Mitarbeiter und Mitarbeiterinnen auf den Kaufprozess haben können, z. B. Freundlichkeit, Schnelligkeit, Hilfsbereitschaft, Glaubwürdigkeit, Argumentationsfähigkeit oder auch Problemlösungsfähigkeiten.[70]

Eine Studie von PricewaterhouseCoopers kann die Bedeutung des Personals im Einzelhandel nur untermauern:[71]

- 75 % der Kundinnen und Kunden wünschen sich freundliche, aufmerksame und auch präsente Verkäufer und Verkäuferinnen.
- 60 % der Kundinnen und Kunden ist es wichtig, neutral und auch ehrlich beraten zu werden.
- Digitale Technologien können dabei hilfreich sein, Verkäufer und Verkäuferinnen zu unterstützen, jedoch können sie menschliche Beratung nicht ersetzen.
- Rund ein Viertel der Kundinnen und Kunden unter 30 Jahren wünschen sich menschliche Verkäuferinnen und Verkäufer. 44 % dieser Kundengruppe erwarten zudem, dass die Verkäufer und Verkäuferinnen sich für ihre persönlichen Präferenzen interessieren.

Obwohl diese Erkenntnisse nicht neu sein dürften, so zeigt die Studie auch auf, dass der deutsche Einzelhandel noch nicht noch nicht umfassend auf die Bedürfnisse und Wünsche der Kundinnen und Kunden eingeht: 59 % der Kundinnen und Kunden mussten beispielsweise aktiv auf die Verkäufer und Verkäuferinnen zugehen, um von diesen auch beraten zu werden. Nur ein Drittel der Konsumentinnen

---

[70] Toth (2014, S. 87–88).
[71] PwC (2018, S. 3).

und Konsumenten berichtet, dass sie bei ihrem letzten Beratungsgespräch hinreichende Informationen zu dem Produkt und Empfehlungen erhalten haben.[72]

Dies ist umso enttäuschender, da dem Verkaufspersonal auch im Omnichannel eine zentrale Rolle zugeschrieben wird, da die Kundinnen und Kunden stationäre Geschäfte vor allem wegen des menschlichen Faktors aufsuchen.[73]

Die Qualität der Mitarbeiter und Mitarbeiterinnen kann als ein wesentlicher Einflussfaktor für die zukünftige Entwicklung eines Unternehmens darstellen: Je besser die Mitarbeiterinnen und Mitarbeiter auf ihre Aufgaben vorbereitet werden, umso größer wird die Konkurrenzfähigkeit eines Unternehmens.[74] Um das Personal für die Herausforderungen der Omnichannel-Welt zu rüsten, sollten Einzelhändler verschiedene Schulungsansätze in Betracht ziehen:

- **Technologie- und Prozessschulungen**: Es ist wichtig, dass Mitarbeiterinnen und Mitarbeiter über die technologischen Plattformen und Prozesse informiert sind, die für das Funktionieren eines Omnichannel-Unternehmens erforderlich sind. Dazu gehören beispielsweise die Nutzung von Kundenmanagementsystemen, Lagerverwaltungssystemen und Verkaufs- und Marketingtools.
- **Kundenservice- und Kommunikationsschulungen**: Im Omnichannel-Einzelhandel ist es entscheidend, dass das Personal in der Lage ist, effektiv und empathisch mit den Kundinnen und Kunden zu kommunizieren, unabhängig vom Kanal. Schulungen in Kundenservice, Kommunikation und Konfliktmanagement können dazu beitragen, dass Mitarbeiterinnen und Mitarbeiter besser auf Kundenbedürfnisse eingehen und eine konsistente Servicequalität über alle Kanäle hinweg gewährleisten. Manche Einzelhändler gehen in ihren Weiterbildungen sogar proaktiverweise so weit, dass sie ihre Kolleginnen und Kollegen in Flirt-Seminare senden, da dort viele zusätzliche Aspekte der positiven Kontaktaufnahme inkludiert sind.

---

[72] PwC (2018, S. 3).
[73] Google (2022, S. 13).
[74] Thommen et al. (2023, S. 512).

- **Produktschulungen:** Mitarbeiterinnen und Mitarbeiter müssen ein umfassendes Wissen über die angebotenen Produkte und Dienstleistungen haben, um die Kundinnen und Kunden gezielt informieren und beraten zu können. Regelmäßige Produktschulungen und Updates sind daher essenziell.
- **Soft Skills- und Leadership-Schulungen:** In einer Omnichannel-Welt ist es wichtig, dass das Personal in der Lage ist, Veränderungen zu akzeptieren und sich anzupassen. Schulungen in Soft Skills wie Teamarbeit, Zeitmanagement, Problemlösung und Führung können dazu beitragen, dass das Personal effektiv mit den Herausforderungen der Omnichannel-Welt umgeht und zum Erfolg des Unternehmens beiträgt.

Es gibt verschiedene Schulungsmethoden, um das Personal im Bereich Omnichannel auszubilden. Eine dieser Methoden ist das klassische Training im Klassenzimmer-Format: Die Mitarbeiter und Mitarbeiterinnen nehmen an Schulungen teil, die in der Regel einem Seminarraum stattfinden und von einem Trainer oder Coach durchgeführt werden. Diese Trainings können sowohl intern als auch extern organisiert werden und bieten die Möglichkeit, in kleinen Gruppen auf individuelle Fragestellungen einzugehen.

Eine andere Methode, die gerade in Zeiten der Digitalisierung zunehmend an Beliebtheit gewinnt, um das Personal in der Omnichannel-Welt zu schulen, ist das E-Learning. Dabei können Mitarbeiter und Mitarbeiterinnen online auf Schulungsmaterialien zugreifen und in ihrem eigenen Tempo lernen. E-Learning kann beispielsweise in Form von Webinaren, Online-Kursen oder interaktiven Lernplattformen organisiert werden.[75]

Praxisnahe Schulungen in Form von On-the-Job-Trainings sind besonders effektiv, um den Mitarbeiterinnen und Mitarbeitern die Anwendung von Omnichannel-Konzepten direkt am Arbeitsplatz beizubringen. Dazu zählen zum Beispiel Schulungen in der Filiale, bei denen die Mitarbeiterinnen und Mitarbeiter lernen, wie sie Kundinnen und Kunden beim Omnichannel-Einkauf ideal beraten können.

---

[75] Nikodemus (2017, S. 17–18).

Ebenfalls besonders effektiv können Mentoring und Coaching sein. Hier fungieren erfahrene Kollegen oder externe Experten als Mentoren oder Coaches und stehen den Mitarbeitern und Mitarbeiterinnen bei der Umsetzung von Omnichannel-Strategien zur Seite. Um eine erfolgreiche Schulungsstrategie im Bereich Omnichannel zu entwickeln, sollten Unternehmen folgende Best Practices berücksichtigen:

- **Bedarfsanalyse**: Vor der Entwicklung eines Schulungsprogramms sollte eine gründliche Bedarfsanalyse durchgeführt werden. Dabei gilt es herauszufinden, welche Kompetenzen die Mitarbeiter und Mitarbeiterinnen benötigen, um den Anforderungen der Omnichannel-Welt gerecht zu werden.
- **Zielgruppenorientierung**: Die Schulungsmaßnahmen sollten auf die Bedürfnisse der jeweiligen Zielgruppe zugeschnitten sein. Das bedeutet, dass sowohl die Inhalte als auch die Methoden an die Vorkenntnisse und den Arbeitskontext der Mitarbeiter und Mitarbeiterinnen angepasst werden sollten.
- **Praxisorientierung**: Schulungen im Bereich Omnichannel sollten immer einen starken Praxisbezug aufweisen. Die Mitarbeiter und Mitarbeiterinnen lernen am besten, wenn sie die erworbenen Kompetenzen direkt in ihrem Arbeitsalltag anwenden können.
- **Evaluation und kontinuierliche Verbesserung**: Nach der Durchführung von Schulungsmaßnahmen ist es wichtig, deren Erfolg zu evaluieren und gegebenenfalls Optimierungspotenziale zu identifizieren. So können Schulungsprogramme kontinuierlich verbessert und an die sich ändernden Anforderungen der Omnichannel-Welt angepasst werden.
- **Gamification**: Immer stärkerer Beliebtheit erfreut sich auch das Einbinden von spielerischen oder kompetitiven Elementen in die Weiterbildung. Hierbei wird geprüft, wie gut die Performance einzelner Personen, Abteilungen oder Filialen bei der Zielerreichung bestimmter Lernziele oder Anwendungsfälle voranschreitet und dafür

z. B. Punkte oder Badges vergeben.[76] Diese können dann genutzt werden, um die Mitarbeiter und Mitarbeiterinnen durch zusätzliche Boni oder andere Incentives zu belohnen.

Mitarbeiterschulungen bei Apple

Apple hat ein umfassendes Schulungsprogramm für seine Mitarbeiterinnen und Mitarbeiter entwickelt, das sowohl technische als auch kundenspezifische Kompetenzen abdeckt. Die sogenannten „Apple Specialists" werden umfassend geschult, um die Kundinnen und Kunden bei der Nutzung von Apple-Produkten und -Dienstleistungen zu unterstützen und gleichzeitig ein nahtloses Omnichannel-Erlebnis zu bieten.

Zalandos Schulungsprogramm

Der Online-Modehändler Zalando hat ein internes Schulungsprogramm namens „Zalando University" ins Leben gerufen, das Mitarbeitenden eine Vielzahl von Kursen und Schulungen anbietet, um ihre Fähigkeiten in verschiedenen Bereichen zu verbessern. Dazu gehören auch Schulungen in Kundenbetreuung, Kommunikation und Technologie.

Weiterentwicklung bei Decathlon

Der Sportartikelhändler Decathlon hat ein umfangreiches Schulungsprogramm für sein Personal entwickelt, das sowohl technische als auch produktspezifische Schulungen umfasst. Durch kontinuierliche Weiterbildung und den Einsatz von E-Learning-Plattformen stellt Decathlon sicher, dass sein Personal stets auf dem neuesten Stand ist und den Kundinnen und Kunden ein nahtloses Omnichannel-Erlebnis bieten kann.

---

[76] Laber (2022, S. 236).

Schulungen bei Globus Baumarkt

Globus Baumarkt hat mit seinen Schulungsprogrammen einen erfolgreichen Weg gefunden, um die Mitarbeiter und Mitarbeiterinnen im Omnichannel-Bereich fit zu machen. Die Schulungen umfassen verschiedene Aspekte wie das Verständnis der Kundinnen, die Nutzung von Technologien und die Handhabung von Social-Media-Plattformen. Ein besonderer Schwerpunkt liegt auf der Vermittlung von Wissen über die verschiedenen Touchpoints im Omnichannel-Einzelhandel. Mitarbeiterinnen und Mitarbeiter lernen, wie sie Kundinnen über verschiedene Kanäle ansprechen und ihnen einen einheitlichen Service bieten können. Durch regelmäßige Schulungen und Workshops werden die Mitarbeiter und Mitarbeiterinnen immer auf dem neuesten Stand gehalten und können ihr Wissen kontinuierlich vertiefen.

Man kann somit festhalten, dass erfolgreiche Personalschulungsprogramme im Omnichannel-Einzelhandel sowohl großen als auch kleinen Unternehmen dabei helfen können, die Mitarbeiter und Mitarbeiterinnen zu qualifizieren und so die Kundenzufriedenheit und den Umsatz zu steigern. Unternehmen sollten darauf achten, dass die Schulungen praxisnah und auf die Bedürfnisse des Unternehmens zugeschnitten sind. Dazu stehen auch Experten und Beratungsfirmen bereit, die in Abhängigkeit von den eigenen Fähigkeiten im Bereich der Personalentwicklung in die Planung und Umsetzung eingebunden werden sollten. So kann sichergestellt werden, dass die Mitarbeiter und Mitarbeiterinnen bestmöglich auf die Herausforderungen im Omnichannel-Einzelhandel vorbereitet sind.

Bei der Implementierung von Personalschulungsprogrammen ist es wichtig, ausführlich auf die verschiedenen Kanäle und Touchpoints einzugehen. So kann sichergestellt werden, dass die Mitarbeiter und Mitarbeiterinnen die verschiedenen Kanäle wirklich verstehen und wissen, wie sie diese effektiv nutzen können, um Kundinnen und Kunden zu gewinnen und zu binden.

4.4.6 Herausforderung kontinuierliche Optimierung und Anpassung

Unternehmen erleben aktuell eine Zeit, in der sich die Rahmenbedingungen schneller und oft auch unvorhersehbar ändern. Dafür hat sich der Begriff VUCA etabliert. VUCA steht für Volatilität (Volatility), Unsicherheit (Uncertainty), Komplexität (Complexity) und Ambiguität (Ambiguity). Ursprünglich stammt der Begriff aus dem militärischen Kontext und wird nun in der Wirtschaft und im Management verwendet, um die Herausforderungen einer sich schnell verändernden und unvorhersehbaren Umwelt zu beschreiben:[77]

- **Volatilität**: Dies bezieht sich auf die Schnelligkeit und das Ausmaß, mit dem sich Dinge ändern. In einer volatilen Umgebung treten Veränderungen schnell und in unerwarteter Weise auf.
- **Unsicherheit**: Damit wird die Schwierigkeit beschrieben, zukünftige Ereignisse vorherzusagen oder zu verstehen. Es gibt eine begrenzte Sicht auf zukünftige Entwicklungen, und Unsicherheit kann zu Risiken führen.
- **Komplexität**: Dieser Punkt verweist auf die Vielfalt der einwirkenden Faktoren und die Schwierigkeit, ihre Beziehungen und Auswirkungen zu verstehen.
- **Ambiguität**: Ambiguität beschreibt Situationen, in denen Informationen mehrdeutig oder widersprüchlich sind. Dadurch ist es schwer, diese zu interpretieren, sodass Missverständnisse und Mehrdeutigkeiten die Folge sind.

Die VUCA-Welt kennzeichnet sich durch eine hohe Dynamik und erfordert von Organisationen und Führungskräften Anpassungsfähigkeit, Flexibilität und eine offene Herangehensweise an Unsicherheiten und Veränderungen. Eine erfolgreiche Omnichannel-Strategie erfordert entsprechend eine kontinuierliche Überwachung des Marktes, um auf Veränderungen im Markt, in den vorliegenden Technologien und im Kundenverhalten zu reagieren. Dies bedeutet, dass Unternehmen bereit

---
[77] Gaubinger (2021, S. 7–11).

sein müssen, ihre Strategien und Prozesse regelmäßig zu überprüfen und bei Bedarf anzupassen.

> Datenanalyse und KPIs sollten in den Unternehmen genutzt werden, um den Erfolg ihrer Omnichannel-Initiativen zu messen und zu überwachen. Zusätzlich sollten Bereiche identifiziert werden, in denen Verbesserungen notwendig sind und Strategien und Prozesse entsprechend angepasst werden müssen. Dabei sollte berücksichtigt werden, dass die Omnichannel-Landschaft ständig in Bewegung ist und dass es wichtig ist, flexibel und offen für Veränderungen zu bleiben, um langfristig erfolgreich zu sein.

Durch das erfolgreiche Bewältigen dieser Herausforderungen können Unternehmen eine effektive und konsistente Omnichannel-Strategie implementieren, die ihnen dabei hilft, Kundenbedürfnisse besser zu erfüllen und eine stärkere Marktposition zu erlangen.

4.5 Omnichannel-Strategien im Einzelhandel: Beispiele

In diesem Abschnitt soll noch einmal tiefer in die Praxis eingetaucht werden, indem etwas umfangreicher als bei den bisherigen Beispielen auf die Omnichannel-Strategien verschiedener Einzelhandelsunternehmen eingegangen werden soll. Betrachtet werden daher die beiden Modeunternehmen Alpha Industries und SØR sowie das Unternehmen Christ Juweliere und Uhrmacher seit 1863.

4.5.1 Alpha Industries

Alpha Industries, ein Bekleidungshersteller mit Fokus auf Militär- und Fliegerjacken, hat seine Omnichannel-Strategie erfolgreich umgesetzt, indem es seinen Kundinnen und Kunden ein nahtloses Einkaufserlebnis über verschiedene Kanäle hinweg bietet. Die Kundinnen und Kunden können online auf das gesamte Sortiment zugreifen, Produkte in einer Filiale reservieren oder sich direkt nach Hause liefern lassen.

Alpha Industries hat auch erfolgreich soziale Medien in ihre Omnichannel-Strategie integriert. Durch die Nutzung von Influencer-Marketing und Social-Media-Plattformen wie Instagram und Facebook kann das Unternehmen seine Zielgruppen direkt ansprechen und seine Produkte effektiv bewerben.

Die erfolgreiche Implementierung von Omnichannel-Strategien bei Alpha Industries

Um die erfolgreiche Umsetzung von Omnichannel-Strategien bei Alpha Industries zu verdeutlichen, sind die folgenden Aspekte hervorheben:

1. **Integration von Online- und Offline-Kanälen**: Alpha Industries hat seine stationären Geschäfte und seinen Online-Shop eng miteinander verzahnt. Die Kundinnen und Kunden können Produkte online reservieren und in einer Filiale abholen oder sich über die Verfügbarkeit von Artikeln in den Geschäften informieren. Dies schafft eine nahtlose Verbindung zwischen den Kanälen und erleichtert den Kundinnen und Kunden den Zugang zu den gewünschten Produkten.
2. **Personalisierung**: Durch die Sammlung und Analyse von Kundendaten aus verschiedenen Kanälen ist Alpha Industries in der Lage, personalisierte Marketingkampagnen und Angebote zu erstellen. Dies führt zu einer höheren Kundenzufriedenheit und -bindung.
3. **Mitarbeiterschulung**: Alpha Industries legt großen Wert auf die Schulung seiner Mitarbeiter und Mitarbeiterinnen, um sie für den Umgang mit den verschiedenen Kanälen fit zu machen und die Kundinnen und Kunden bestmöglich betreuen zu können.
4. **Optimierung der Lieferkette**: Die Einführung von Omnichannel-Strategien hat auch Auswirkungen auf die Lieferkette von Alpha Industries. Durch die Optimierung von Lagerhaltung und Lieferung kann das Unternehmen seinen Kundinnen und Kunden schnelle und flexible Lieferoptionen bieten.

Dieses Beispiel zeigt, dass Alpha Industries erfolgreich Omnichannel-Strategien implementiert hat, um eine Kundenzentrierte Herangehensweise zu verfolgen und die Kundenerfahrung über alle Kanäle hinweg zu verbessern. Unternehmen, die ebenfalls den Schritt in Richtung Omnichannel wagen möchten, können von den Erfahrungen und Erfolgen von Alpha Industries lernen und diese als Inspiration für ihre eigenen Strategien nutzen.

4.5.2 SØR

SØR ist ein deutsches Modeunternehmen, das sich auf hochwertige Bekleidung für Damen, Herren und Kinder konzentriert. Das Unternehmen hat erfolgreich eine Omnichannel-Strategie implementiert, die sowohl den stationären als auch den Online-Handel miteinander verbindet.

Bei der Realisierung der Omnichannel-Strategie von SØR waren vor allem die folgenden Erfolgsfaktoren entscheidend:

- **Kundenorientierung**: SØR hat erkannt, dass der Kunde im Mittelpunkt der Omnichannel-Strategie stehen muss. Daher haben sie ihr Angebot sowohl online als auch offline aufeinander abgestimmt und bieten ihren Kundinnen und Kunden eine nahtlose Erfahrung über alle Kanäle hinweg.
- **Digitale Integration**: Das Unternehmen hat in eine leistungsfähige E-Commerce-Plattform investiert, die es ermöglicht, alle Vertriebskanäle miteinander zu verbinden und den Kundenstamm zu erweitern.
- **Personalisierung**: SØR setzt auf personalisierte Angebote und gezielte Marketingmaßnahmen, um Kundenbindung und -loyalität zu fördern.
- **Dezentrale Lagerkonzeption**: SØR hat in dem Omnichannel-Konzept von Anfang an daraufgesetzt, auch die eigenen Filialen als (dezentrale) Warenlager zu nutzen, um so den teuren Kostenapparat eines zentralen Warenlagers zu reduzieren und gänzlich einzustellen. Somit können Bestellungen schneller, kostengünstiger und nachhaltiger geoutet werden, wenn diese online bestellt werden.

Die Erfahrungen von SØR zeigen, dass eine Kundenorientierte Herangehensweise und eine effiziente digitale Integration entscheidend für den Erfolg einer Omnichannel-Strategie sind. Unternehmen sollten sich darauf konzentrieren, ihren Kundinnen und Kunden eine nahtlose und personalisierte Erfahrung über alle Kanäle hinweg zu bieten, um sich von der Konkurrenz abzuheben und langfristige Kundenbeziehungen aufzubauen.

4.5.3 Fallstudie Christ Juweliere und Uhrmacher seit 1863

Christ Juweliere und Uhrmacher seit 1863 betreibt rund 200 Stores in Deutschland und Österreich sowie einen eigenen Online-Shop. Das Produktangebot umfasst überwiegend Uhren und Schmuck aus dem mittleren bis oberen Preissegment. Zu Christ Juweliere und Uhrmacher seit 1863 gehört u. a. auch das Unternehmen Valmano, das im Jahr 2013 von ProSiebenSat.1 gegründet wurde und im Jahr 2019 von Christ Juweliere und Uhrmacher seit 1863 übernommen wurde. Das reine Online-Unternehmen Valmano richtet sich mit seinem Uhren- und Schmucksortiment vor allem an eine jüngere Zielgruppe und versucht, sich auch zunehmend international zu.

Kurzinterview zur Bedeutung von Omnichannel-Strategie für Christ Juweliere und Uhrmacher seit 1863

Das nachfolgende Interview wurde mit dem Chief Digital Officer des Unternehmens, Michael Berghoff, geführt, um mehr über die Bedeutung von Omnichannel-Ansätzen für das Unternehmen und die Herausforderungen zu erfahren, denen Christ Juweliere und Uhrmacher seit 1863 bei der Umsetzung ihrer Omnichannel-Strategie begegnet sind.

Autor: Wie wichtig ist die Omnichannel-Strategie für Christ Juweliere und Uhrmacher?

Michael Berghoff: Die Omnichannel-Strategie ist für Christ von zentraler Bedeutung. Wir wollen unseren Kundinnen und Kunden ein nahtloses Einkaufserlebnis bieten, egal ob sie in einer unserer Filialen, online oder über unsere App einkaufen. Dabei stehen die Bedürfnisse und Wünsche unserer Kundinnen und Kunden immer im Mittelpunkt.

Autor: Welche Rolle spielt die Technologie bei der Umsetzung Ihrer Omnichannel-Strategie?

Michael Berghoff: Die Technologie ist ein entscheidender Faktor, der es uns ermöglicht, unseren Kundinnen und Kunden ein einheitliches Einkaufserlebnis zu bieten. Wir nutzen beispielsweise eine zentrale Datenbank, um Echtzeitinformationen über Produktverfügbarkeit, Preise und Kundenpräferenzen zu erhalten. Dies ermöglicht es uns, personalisierte Angebote und Empfehlungen zu erstellen und sicherzustellen, dass unsere Kundinnen und Kunden die gewünschten Produkte und Services erhalten, unabhängig vom Vertriebskanal.

Autor: Welche Herausforderungen sind Ihnen bei der Umsetzung Ihrer Omnichannel-Strategie begegnet und wie haben Sie diese gelöst?

Michael Berghoff: Eine der größten Herausforderungen war die Integration unserer verschiedenen Systeme und Prozesse, um eine konsistente Erfahrung über alle Kanäle hinweg zu gewährleisten. Durch die detaillierte Analyse unserer Prozesse und Systeme aus End-to-End Perspektive, der anschließenden Zusammenarbeit mit Experten und der Nutzung von modernen Technologien konnten wir diese Hürden überwinden und eine nahtlose Verbindung zwischen unseren Filialen, der Online-Plattform und der App schaffen.

Erfolgsfaktoren bei der Realisierung der Omnichannel-Strategie

Abschließend sollen kurz die Faktoren vorgestellt werden, die wesentlichen Einfluss auf die erfolgreiche Realisierung einer Omnichannel-Strategie bei Christ Juweliere und Uhrmacher seit 1863 hatten:

- **Kundenzentrierte Ansätze**: Christ hat seine Strategie konsequent auf die Bedürfnisse und Wünsche der Kundinnen und Kunden ausgerichtet. Die Personalisierung von Angeboten und Empfehlungen ist dabei ein zentraler Aspekt. Durch die Nutzung von Kundendaten und künstlicher Intelligenz kann Christ gezielte und relevante Inhalte über alle Kanäle hinweg bereitstellen und so die Kundenzufriedenheit erhöhen.

- **Integration von Online- und Offline-Welten:** Ein Schlüsselfaktor für den Erfolg von Christ ist die nahtlose Verbindung von Online- und Offline-Einkaufswelten. Kunden können beispielsweise Produkte online reservieren und in einer Filiale abholen oder online gekaufte Produkte in einer Filiale zurückgeben. Dies schafft ein kohärentes und bequemes Einkaufserlebnis für die Kundinnen und Kunden.
- **Einheitliche Datenbasis:** Die Schaffung einer zentralen Datenbank, die Echtzeitinformationen über Produktverfügbarkeit, Preise und Kundenpräferenzen enthält, ermöglicht es Christ, alle Vertriebskanäle effektiv zu verbinden. Dies gewährleistet ein konsistentes Einkaufserlebnis und ermöglicht es dem Unternehmen, schneller auf Markttrends und Kundenbedürfnisse zu reagieren.
- **Schulung des Personals:** Um eine erfolgreiche Umsetzung der Omnichannel-Strategie zu gewährleisten, hat Juwelier Christ großen Wert auf die Schulung seines Personals gelegt. Mitarbeiterinnen und Mitarbeiter werden geschult, um Kundinnen und Kunden über alle Kanäle hinweg zu unterstützen und ihnen einheitliche Informationen und Services zu bieten.

Das Beispiel von Christ Juweliere und Uhrmacher seit 1863 zeigt, wie ein Unternehmen seine Omnichannel-Strategie erfolgreich umsetzen kann. Durch kundenzentrierte Ansätze, die Integration von Online- und Offline-Welten, eine einheitliche Datenbasis und die Schulung des Personals konnte Christ einen nahtlosen Übergang zwischen verschiedenen Vertriebskanälen erreichen und seine Kundenbindung und -zufriedenheit erhöhen. Diese Erfahrungen können anderen Einzelhändlern wertvolle Anhaltspunkte für die Umsetzung ihrer eigenen Omnichannel-Strategien bieten.

5

Fazit

Die Prognosen für die Zukunft des Omnichannels sind vielversprechend. Experten sind sich einig, dass der Omnichannel-Ansatz weiterhin an Bedeutung gewinnen wird und sich immer mehr Unternehmen diesem Trend anschließen werden. Einer Studie von Research & Markets zufolge wird der globale Markt für Omnichannel-Retail im Zeitraum von 2020 bis 2025 voraussichtlich um fast 14 % pro Jahr wachsen.[1]

Die Zukunft des Einzelhandels wird durch die stetige Weiterentwicklung von Technologien, sich verändernden Kundenbedürfnissen und sich wechselnden Markttrends beeinflusst. Um in dieser dynamischen Landschaft erfolgreich zu sein, müssen Unternehmen eine vorausschauende Strategieentwicklung betreiben, um sich an die Veränderungen anzupassen und ihren Kundinnen und Kunden weiterhin ein nahtloses Omnichannel-Erlebnis zu bieten. Die nachfolgenden sechs Aspekte sollten dabei stets berücksichtigt werden:

---

[1] Research and Markets (2022).

- **Kundenbedürfnisse im Fokus halten**: Die Bedürfnisse der Kundinnen und Kunden sollten stets im Mittelpunkt jeder Omnichannel-Strategie stehen. Unternehmen müssen ihre Kundinnen genau kennen und verstehen, welche Erwartungen sie an die verschiedenen Kanäle haben. Dabei können sie Technologien wie künstliche Intelligenz (KI) und Datenanalyse nutzen, um Kundenpräferenzen und -verhalten besser zu erfassen und darauf basierend personalisierte Angebote und Services zu entwickeln.
- **Technologieinvestitionen gezielt einsetzen**: Innovationen im Bereich der Technologie können Unternehmen dabei unterstützen, ihre Omnichannel-Strategien zu optimieren und effizienter zu gestalten. Dabei ist es wichtig, gezielt in Technologien zu investieren, die einen echten Mehrwert für die Kundinnen und Kunden und das Unternehmen bieten. Dazu zählen beispielsweise Lösungen für das Customer-Relationship-Management, Künstliche Intelligenz und Automatisierungstechnologien. Unternehmen sollten stets den Nutzen und die Rentabilität solcher Investitionen evaluieren, bevor sie sich dafür entscheiden.
- **Eine agile Organisationsstruktur fördern**: Die rasante Veränderung im Omnichannel-Einzelhandel erfordert eine agile Organisationsstruktur, die es Unternehmen ermöglicht, schnell auf Marktveränderungen und neue Trends zu reagieren. Hierbei ist es wichtig, Silos innerhalb des Unternehmens abzubauen und eine enge Zusammenarbeit zwischen Abteilungen wie Marketing, Vertrieb, IT und Logistik zu fördern. Eine solche Zusammenarbeit ermöglicht es, die gesamte Customer Journey besser zu verstehen und konsistente Kundenerlebnisse über alle Kanäle hinweg zu schaffen.
- **Weiterbildung und Schulung des Personals**: In der Omnichannel-Welt sind gut ausgebildete Mitarbeiter und Mitarbeiterinnen von entscheidender Bedeutung. Unternehmen müssen in die Schulung und Weiterbildung ihres Personals investieren, um sicherzustellen, dass sie über die erforderlichen Kenntnisse und Fähigkeiten verfügen, um die Omnichannel-Strategie erfolgreich umzusetzen. Hierbei sollte der Fokus sowohl auf technischen Fähigkeiten als auch auf Soft Skills wie Kommunikation, Kundenorientierung und Problemlösung liegen.

- **Erfolgreiche Best Practices identifizieren und adaptieren:** Unternehmen können von den Erfahrungen anderer erfolgreicher Omnichannel-Unternehmen lernen, indem sie Best Practices identifizieren und diese auf ihre eigenen Geschäftsmodelle adaptieren. Hierbei ist es wichtig, die spezifischen Gegebenheiten des eigenen Unternehmens zu berücksichtigen und die übernommenen Strategien entsprechend anzupassen. Ein regelmäßiger Austausch mit Branchenexperten und die Teilnahme an Fachveranstaltungen können dabei helfen, wertvolle Einblicke in erfolgreiche Omnichannel-Konzepte zu gewinnen.
- **Flexibilität und Anpassungsfähigkeit als Schlüsselfaktoren:** In der sich ständig verändernden Omnichannel-Landschaft ist es entscheidend, flexibel und anpassungsfähig zu bleiben. Unternehmen müssen offen für Veränderungen sein und bereit, ihre Strategien kontinuierlich zu überprüfen und anzupassen. Dies erfordert eine Kultur der kontinuierlichen Verbesserung und die Fähigkeit, aus Fehlern zu lernen und diese als Chancen zur Weiterentwicklung zu nutzen.

Googles sechs Omnichannel-Thesen

Abschließen soll dieses Buch mit sechs Thesen, die als Inspiration für den Omnichannel-Handel dienen können:[2]

- **Starten mit Basics:** Bei einer Vielzahl von Einzelhändlern besteht eine Herausforderung in der Integration von Online- und Offlinekanälen. Obwohl funktionale Prozesse wie Click-and-Collect und die Möglichkeit zur Rückgabe im Geschäft gut etabliert sind, zeigt sich eine Trennung bei den Kommunikations- und Marketingfunktionen. Viele Händler erwähnen ihre stationären Filialen in der Online-Kommunikation kaum und beschränken sich beispielsweise auf grundlegende Funktionen wie die Filialsuche oder die Angabe der Filialadresse im Footer von E-Mail-Newslettern. Im Ladendesign der physischen Filialen wird der Online-Shop oft nicht berücksichtigt.

---

[2] Google (2022, S. 13–14).

Es ist erkennbar, dass eine kanalübergreifende Kommunikation erforderlich ist.
- **Respekt vor der Zeit der Kundin und des Kunden:** Für die Kundinnen und Kunden fungiert der Einzelhändler als ein Begleiter während des gesamten Kaufprozesses, der über das Produkt hinaus verschiedene Aspekte umfasst. In einer Welt, die von intensivem Wettbewerb geprägt ist, ist es von Bedeutung, die Zeit der Kundinnen und Kunden zu respektieren und bestmöglich zu nutzen. Die Bereitstellung hochwertiger Informationen und die gezielte Kommunikation stellen dabei zentrale Elemente eines erfolgreichen Omnichannel-Kundenerlebnisses dar. Es gilt, sich in die Perspektive der Kundinnen und Kunden zu versetzen und dabei den gesamten Verkaufstrichter zu berücksichtigen – einschließlich der Erfahrung beim Abholen von Bestellungen und der Phase nach dem Kauf, sollte in Betracht gezogen werden.
- **Technologie für das Verkaufspersonal:** Die Mitarbeiter und Mitarbeiterinnen bleiben ein wesentlicher Erfolgsfaktor. Die Rekrutierung qualifizierten Verkaufspersonals gestaltet sich im Einzelhandel zunehmend herausfordernd. Es empfiehlt sich daher, die Mitarbeiter als äußerst wertvolle Ressource zu behandeln. Das Instore-Verkaufspersonal spielt eine entscheidende Rolle im Omnichannel-Erlebnis, da die Kundinnen und Kunden aufgrund des menschlichen Faktors die Geschäfte aufsuchen, z. B. mit Blick auf Beratung oder Hilfestellungen. Es ist daher zusätzlich von Bedeutung, die Store-Mitarbeiter umfassend in Bezug auf die verfügbaren Omnichannel-Services zu schulen. Instore-Technologien können dazu dienen, die Mitarbeiter und Mitarbeiterinnen zu unterstützen und den Kundinnen und Kunden zu helfen. Außerdem kann die eingesetzte Technologie als Treiber für bedeutende Service-Innovationen dienen.
- **Wachstum des Omnichannel-Ökosystems:** Bestehende Vertriebskanäle unterliegen fortlaufenden Weiterentwicklungen. Die Rolle der Filialen verändert sich dahingehend, dass die Customer Journey immer häufiger online beginnt. Einige Einzelhandelsgeschäfte werden daher vermehrt den Fokus auf Transaktionen legen, während andere ihre Bemühungen auf die Weiterentwicklung des Einkaufserlebnisses

konzentrieren werden. Einige bereits etablierte und stark frequentierte Kanäle bieten erhebliches Potenzial für umfassende Integration, z. B. kann der Mobile Commerce als Verbindung zwischen online und offline dienen. Das Omnichannel-Portfolio wird kontinuierlich um weitere Kanäle erweitert, wobei Voice Commerce, Metaverse und Social Shopping nur einige der neuen Möglichkeiten sind. In einer Umgebung ohne Cookies ist es ebenfalls erforderlich, die Personalisierung neu zu überdenken. In diesem Kontext kann die E-Mail-Kommunikation als ein Kanal dienen, über den Einzelhändler Kundendaten sammeln und somit ihren Marketingmix optimieren können.

- **Nachhaltigkeit als Megatrend**: Die Berücksichtigung nachhaltiger Aspekte wie beispielsweise umweltfreundliche Verpackungen und Versandpraktiken oder die Bereitstellung digitaler Kassenbons einen signifikanten Einfluss auf die Entscheidung zugunsten eines Handelsunternehmens hat und dabei auch Upselling-Möglichkeiten bietet.
- **Omnichannel als Wachstumschance**: Omnichannel repräsentiert einen kontinuierlichen Prozess, der sämtliche Bereiche und Akteure eines Einzelhändlers einschließen sollte. Dies stellt für viele Unternehmen mit traditionellen Strukturen einen Paradigmenwechsel dar, der von einer Einzelkanalorientierung zu einer ganzheitlichen unternehmensweiten Denkweise führt: Wer genau für einen Verkaufsabschluss verantwortlich ist, sollte gar nicht so entscheidend sein. Vielmehr sollte im Vordergrund stehen, dass die Kundinnen und Kunden sich für ein Unternehmen entschieden haben und dass diesen eine nahtlose Einkaufserfahrung ermöglicht wird. Um eine umfassend positive Omnichannel-Erfahrung für die Kundinnen und Kunden sicherzustellen, ist die aktive Beteiligung jeder einzelnen Person in einem Einzelhandelsunternehmen erforderlich.

Glossar

AICPURA-Modell: Auf Basis des AIDA-Modells wurde das AICPURA-Modell der Customer Journey mit sechs verschiedenen Phasen entwickelt: Awareness, Interest, Consideration, Purchase, Retention und Adocacy. Dieses Modell berücksichtigt dabei die verschiedenen Möglichkeiten der digitalen Customer Touchpoints, die Nutzung von Produktempfehlungen und -bewertungen sowie das Kundenverhalten in der Nachkaufphase.

AIDA-Modell: Das AIDA-Modell wurde zur Erklärung der Werbewirkung entwickelt. Dabei durchläuft eine Kunde auf dem Weg zum Kauf vier Phasen: Awareness, Interest, Desire, Action.

Augmented Reality (AR): Bei AR wird die reale Welt mit zusätzlichen Informationen oder computer-generierten Inhalten angereichert. Im Gegensatz zu VR überwiegt somit bei AR der Anteil der realen Welt. Die Zusatzinformationen in AR sind perspektivenabhängig und verändern sich basierend auf der Blickrichtung des Nutzers oder der Nutzerin.

Big Data: Dabei handelt es sich um Datenbestände, die oftmals durch das Vorliegen von drei Eigenschaften gekennzeichnet sind: Volume, Variety und Velocity. Oftmals werden auch neue Technologien und Analysemethoden zur effizienten Auswertung großer Datenbestände als Big Data bezeichnet.

Channel-Hopping: Channel-Hopping liegt vor, wenn die Kundinnen und Kunden vermehrt zwischen den verschiedenen Vertriebs- und Kommunikationskanälen eines Unternehmens wechseln.

Content Management Systeme (CMS): Ein CMS ermöglicht es, Inhalte auf verschiedenen Plattformen und Kanälen zentral zu verwalten und zu pflegen. Dies ist wichtig, um konsistente und aktuelle Informationen über das gesamte Omnichannel-Netzwerk hinweg bereitzustellen.

Cross-Channel: Wie im Multichannel nutzen die Händler verschiedene Kanäle parallel. Die verschiedenen Kanäle des Unternehmens sind hier so verknüpft, dass der Kundin oder dem Kunden ein möglichst nahtloses Einkaufserlebnis geboten werden kann. Die Kanäle sind hier integriert, sodass die Kundinnen und Kunden zwischen den Kanälen wechseln können. Üblicherweise sind beim Cross-Channel jedoch nicht alle Kanäle vollständig integriert.

Customer Experience (CX): Die Customer Experience ist die Gesamtheit aller Erfahrungen, die eine Kundin oder ein Kunde mit einem Unternehmen und seinen Produkten oder Dienstleistungen macht.

Customer Information Points: Customer Touchpoints dieser Kategorie stellen vor allem in der Vorkaufsphase Informationen zur Verfügung, z. B. die Unternehmenswebseite oder Online- und Offline-Werbung.

Customer Journey, balanced: Kennzeichnend für dieses Muster ist eine umfassende Recherche- und Beurteilungsphase. Die Kaufentscheidung wird somit im Gegensatz zu einer Impulsive Journey rational getroffen.

Customer Journey, considered: Dieses Muster ist durch eine lange Phase gekennzeichnet, in der Informationen über Produkte gesammelt werden, auch wenn ein Konsument noch kein konkretes Bedürfnis festgestellt hat, z. B. durch das Lesen von Produktbewertungen oder durch Erzählungen von Freunden. Diese Informationen werden dann genutzt, wenn sich bei der Konsumentin oder dem Konsumenten ein konkretes Bedürfnis manifestiert.

Customer Journey, impulsive: Hier verbringt ein Kunde grundsätzlich wenig Zeit mit der Informationssuche. Stattdessen verlässt er sich überwiegend auf frühere Erfahrungen, Empfehlungen von Freunden oder Produkttests/ -proben.

Customer Journey: Betrachtet man die verschiedenen Customer Touchpoints über den gesamten Kaufentscheidungsprozess einer Kundin oder eines Kunden hinweg, so erhält man dessen Customer Journey, also die „Reise" der Kundin oder des Kunden.

Customer Points of Sale Diese Kategorie von Customer Touchpoints widmet sich dem reinen Verkauf der Produkte und Dienstleistungen, z. B. ein Onlineshop.

Customer Relationship Management (CRM)-Systeme: CRM-Systeme unterstützen Einzelhändler dabei, ihre Kundenbeziehungen zu pflegen und zu optimieren. Sie erfassen und verwalten Kundeninformationen und ermöglichen eine gezielte und personalisierte Kommunikation mit den Kundinnen und Kunden.

Customer Service Points: Hier steht die Erbringung von Pre- und After-Services im Fokus, z. B. ein Callcenter.

Customer to Customer Reference Points: Diese Customer Touchpoints ergeben sich aus dem Austausch und der Kommunikation von Konsumenten, z. B. in Form von Postings in den sozialen Medien.

Customer Touchpoints: Die verschiedenen Berührungspunkte einer Kundin oder eines Kunden mit einem Unternehmen werden Customer Touchpoints oder auch vereinfacht nur Touchpoints genannt. Die Customer Touchpoints können in unternehmenseigene und unternehmensfremde Customer Touchpoints unterteilt werden.

Deep Learning: Deep Learning ist ein Teilbereich des maschinellen Lernens, der auf künstlichen neuronalen Netzen beruht. Künstliche neuronale Netze sind ein statistisches Verfahren, dessen Funktionsweise an der des menschlichen Gehirns mit den untereinander verbundenen Neuronen angelehnt ist. Mithilfe von Deep Learning können große Datenmengen verarbeitet und analog zum menschlichen Gehirn Muster erkannt werden.

Dissonanz, kognitive: Die Kundinnen und Kunden beginnen über die Vorteile nachzudenken, die ihnen bei dem Kauf eines Produktes oder einer Dienstleistung aufgrund der nicht gewählten Alternativen entgangen sind.

E-Commerce-Anwendungen: Online-Shops und Marktplätze sind essenzielle Verkaufskanäle im Omnichannel-Einzelhandel. Diese ermöglichen den Verkauf von Produkten im Internet und die Integration von weiteren Touchpoints, wie beispielsweise mobilen Anwendungen.

Integration: Als Integration wird in der Wirtschaftsinformatik i. d. R. die Zusammenführung verschiedener Systeme, Anwendungen oder Prozesse verstanden, um eine möglichst reibungslose Interaktion und einen effizienten Informationsfluss zu gewährleisten. Die Integration zielt darauf ab, disparate Elemente in der IT-Landschaft eines Unternehmens miteinander zu verbinden, um eine höhere Effizienz, Konsistenz und Zusammenarbeit zu erreichen.

Internet der Dinge: Beim Internet der Dinge sind nicht mehr nur klassische Computer und mobile Endgeräte mit dem Internet verbunden werden, sondern auch Geräte und Maschinen wie z. B. Haushaltsgeräte. Neben der Internetkommunikation können diese Objekte durch eingebettete Systeme zusätzliche Aufgaben übernehmen wie die Umwelterfassung mittels Sensoren, Datenauswertung und -speicherung sowie die Beeinflussung der physischen Umwelt durch Aktoren, die elektrische Signale in mechanische Arbeit umwandeln.

Kanal: Als Kanäle oder auch Channels werden die verschiedenen Vertriebs- und Kommunikationswege bezeichnet, die ein Unternehmen verwendet, um mit seinen Kundinnen und Kunden in Interaktion zu treten und Produkte oder Dienstleistungen anzubieten. Einem Kanal wiederum können verschiedene Customer Touchpoints zugeordnet werden.

Kaufentscheidungsprozess: Der Prozess der Kaufentscheidung kann in fünf grundlegende Phasen untergliedert werden. Bei diesen Phasen handelt es sich um die Wahrnehmung des Bedarfs, die Informationssuche, die Bewertung von Alternativen, die eigentliche Kaufentscheidung und das Verhalten in der Nachkaufphase.

Kundenbindung: Kundenbindung wird als eine unternehmerische Aufgabe ansehen, den Kundinnen und Kunden zu einer positiven Einstellung gegenüber dem Unternehmen und seinen Produkten und Dienstleistungen zu verhelfen. Diese positive Einstellung soll sich anschließend in Form von Wiederkäufen und dem Aufbau von Wechselbarrieren äußern.

Künstliche Intelligenz (KI): Ziel ist es, Computer mit einer Intelligenz zu versehen, die der des Menschen ähnelt und eigenständig komplexe Probleme lösen kann. Die künstliche Intelligenz setzt dabei auf komplexe Regelsysteme, die menschliches Verhalten nachahmen sollen und gleichzeitig schneller auf komplexe Problemstellungen angewandt werden können.

Künstliche Intelligenz, schwache: Die schwache künstliche Intelligenz zielt darauf ab, spezifische Probleme zu lösen wie beispielsweise Spracherkennung.

Künstliche Intelligenz, starke: Starke künstliche Intelligenz versucht, menschliche Denkprozesse vollständig abzubilden. Dies umfasst Fähigkeiten wie das Abwägen bei Unsicherheiten, Kreativität, Empathie und ein eigenes Bewusstsein.

Live Commerce: Bei Live Commerce werden Produkte oder Leistungen in einem eigens dafür erstellten Live-Stream per digitalem Kanal beworben und können direkt online gekauft werden.

Maschinelles Lernen: Der Grundgedanke des maschinellen Lernens besteht darin, Computern die Fähigkeit zu verleihen, sich Anwendungsbeispiele zu merken und aus vorhandenen Daten Gesetzmäßigkeiten sowie Muster ableiten zu können. Dies soll Computer in die Lage versetzen, Prognosen zu generieren und Vorhersagen zu treffen.

Mobile Commerce: Für den elektronischen Handel über mit dem Internet verbundenen mobilen Endgeräten hat sich der Begriff Mobile Commerce gebildet.

Moment of Truth, first: Dieser Moment kennzeichnet den Augenblick, indem der Kunde ein Produkt zum ersten Mal physisch begutachten kann. Dabei findet ein Abgleich zwischen den Erwartungen und dem tatsächlichen Produkt statt.

Moment of Truth, second: Die Kundin oder der Kunde hat das Produkt bewertet und gekauft, sodass er es nun nutzen kann. Anschließend werden die Erfahrungen der Produktnutzung mit den bereits vorher vorhandenen Erwartungen der Kundin oder des Kunden abgeglichen.

Moment of Truth, third: Hier berichten die Käufer des Produkts in den sozialen Medien oder in Gesprächen mit Freunden und Bekannten von den bei der Nutzung gemachten Erfahrungen. Aufgrund seiner immensen Bedeutung wird dieser Moment auch Ultimate Moment of Truth genannt.

Moment of Truth, zero: Dieser Moment umfasst alle Online-Aktivitäten, bei denen sich ein Konsument über ein Produkt informiert, das er kaufen möchte. Der Konsument kann dabei von den Erfahrungen anderer partizipieren, noch bevor er sich selbst intensiv mit dem Produkt vertraut gemacht hat.

Moments of Truth: Im Laufe einer Customer Journey lassen sich verschiedene bedeutsame Zeitpunkte identifizieren. Diese werden Moments of Truth („Momente der Wahrheit") genannt, weil hier die Erwartungen mit den tatsächlichen Gegebenheiten abgeglichen werden.

Multichannel: Der Multichannel-Ansatz erweitert das Multiple-Channel, indem der Kundin oder dem Kunden nun ein einheitliches Marketing auf den Kanälen geboten wird. Der Kundin oder dem Kunden werden nun nicht wie im Multiple-Channel unterschiedliche Marken, Sortimente oder Preise angeboten. Weiterhin wird in der Regel vorausgesetzt, dass dabei mindestens stationäre Geschäfte und ein Online-Kanal als Vertriebskanäle zum Einsatz kommen.

Multiple-Channel: Man spricht vom Multiple-Channel, wenn die verschiedenen Kanäle eines Unternehmens nicht aufeinander abgestimmt sind und getrennt voneinander gesteuert werden.

Glossar

Omnichannel: Omnichannel bezeichnet die vollständige Integration und Konsistenz aller Vertriebskanäle, sodass die Kundinnen und Kunden zwischen ihnen wechseln können. Informationen und Bestände sind in Echtzeit synchronisiert, die Kundenhistorie und Präferenzen werden über alle Kanäle geteilt, wodurch personalisierte Empfehlungen möglich werden. Der Kunde und seine Bedürfnisse rückt somit in den Mittelpunkt.

Robotic Process Automation (RPA): Bei RPA kümmern sich Software-Roboter um die Ausführung von sich wiederholenden manuellen Aufgaben. Diese Software-Roboter simulieren die menschlichen Eingaben in Informationssysteme und nutzen dazu die gleiche grafische Oberfläche wie menschliche Benutzer.

Showrooming: Beim Showrooming wird ein Produkt zunächst in einem stationären Geschäft begutachtet und anschließend online gekauft. Viele Konsumenten versuchen durch diese persönliche Begutachtung des Produkts, das Risiko eines Fehlkaufs abzuschwächen.

Social Commerce: Bei Social Commerce handelt es sich um den Verkauf von Dienstleistungen und Produkten über Social-Media-Plattformen.

Systeme, cyber-physische: Das Zusammenspiel von mechanischen Komponenten und Informationstechnologie beim Internet der Dinge wird als cyber-physisches System bezeichnet. Diese vernetzten Objekte können autonom miteinander kommunizieren und gemeinsam an vordefinierten Zielen arbeiten wie zum Beispiel der Wartung von Maschinen.

Touchpoint-Hopping: Man spricht von Touchpoint-Hopping, wenn die Kundinnen und Kunden je nach Präferenz zwischen den verschiedenen Touchpoints hin und her wechseln.

Virtual Reality (VR): VR konzentriert sich darauf, die reale Umwelt auszublenden und den Nutzer oder die Nutzerin in eine in Echtzeit computergenerierte, interaktive virtuelle Umgebung zu versetzen. Die Interaktion des Menschen in dieser virtuellen Realität ist ein wesentliches Merkmal von VR.

Warenwirtschaftssysteme (WWS): Diese Systeme ermöglichen es, den Warenfluss innerhalb des Unternehmens effizient zu steuern und zu kontrollieren. Sie sind unverzichtbar, um die Verfügbarkeit von Produkten in den verschiedenen Verkaufskanälen sicherzustellen.

Webrooming: Beim Webrooming werden Produkte erst online ausgewählt und anschließend stationär gekauft. Dies passiert beispielsweise, wenn vor Ort verschiedene Produkte noch einmal miteinander verglichen werden sollen.

Literatur

ARD/ZDF Forschungskommission. (2023). ARD/ZDF-Onlinestudie 2023. ARD/ZDF Forschungskommission.
Arz, S. (2020). *Persönlichkeitsbasierte Personalisierung im Mobile Commerce – Eine verhaltenswissenschaftliche Analyse am Beispiel von Supermarkt-Apps.* Springer Gabler.
Bruhn, M. (2019). *Marketing – Grundlagen für Studium und Praxis* (14. Aufl.). Springer Gabler.
Bundesministerium für Wirtschaft und Energie (BMWi). (2020). Auf einen Blick – Datenökonomie. https://www.bmwi.de/Redaktion/DE/Schlaglichter-der-Wirtschaftspolitik/2020/09/kapitel-1-7-auf-einen-blick.html. Zugegriffen: 16. Nov. 2023.
Chies, S. (2016). *Change Management bei der Einführung neuer IT-Technologien: Mitarbeiter ins Boot holen – Mit angewandter Psychologie.* Springer.
Decathlon. (2022). Nutzung der RFID Technologie bei DECATHLON Deutschland. https://einblicke.decathlon.de/presse/pressekit/roboter-fur-automatisierte-inventur-im-einsatz/. Zugegriffen: 15. Nov. 2023.
Deges, F. (2020). *Grundlagen des E-Commerce – Strategien, Modelle, Instrumente.* Springer Gabler.
Dorschel, W., & Dorschel, J. (2105). Einführung. In J. Dorschel (Hrsg.), *Praxishandbuch Big Data: Wirtschaft – Recht – Technik* (S. 1–13). Springer Gabler.

Fasel, D., & Meier, A. (2016). Was versteht man unter Big Data und NoSQL? In D. Fasel & A. Meier (Hrsg.), *Big Data. Grundlagen, Systeme und Nutzungspotenziale* (S. 3–16). Springer Vieweg.

Gadatsch, A. (2020). *Grundkurs Geschäftsprozess-Management – Analyse, Modellierung, Optimierung und Controlling von Prozessen* (9. Aufl.). Springer Gabler.

Gaubinger, K. (2021). *Hybrides Innovationsmanagement für den Mittelstand in einer VUCA-Welt*. Springer Gabler.

Gentsch, P. (2019). *Künstliche Intelligenz für Sales, Marketing und Service: Mit AI und Bots zu einem Algorithmic Business – Konzepte, Technologien und Best Practices*. Springer Gabler.

Gluchowski, P. (2014). Empirische Ergebnisse zu Big Data. *HMD – Praxis der Wirtschaftsinformatik, 51*(4), 401–411.

Google. (2014). *Digital impact on in-store shopping: Research debunks common myths*. Google.

Google. (2022). *Omnichannel excellence study 2022*. Google Ireland.

Grawe, C. (2023). *Business/IT-Integration – Neuausrichtung der IT-Funktion in Organisationen im Kontext der Digitalisierung*. Springer Gabler.

Gronwald, K.-D. (2020). *Integrierte Business-Informationssysteme – Ganzheitliche, geschäftsprozessorientierte Sicht auf die vernetzte Unternehmensprozesskette ERP, SCM, CRM, BI, Big Data Analytics* (3. Aufl.). Springer Vieweg.

Haberich, R. (2012). *Future Digital Business – Wie Business Intelligence und Web Analytics Online-Marketing und Conversion verändern*. mitp Verlag.

Hamilton, R., Ferraro, R., Haws, K. L., & Mukhopadhyay, A. (2021). Traveling with companions: The social customer journey. *Journal of Marketing, 85*(1), 68–92.

Harwardt, M. (2022). *Management der digitalen Transformation: Eine praxisorientierte Einführung* (2. Aufl.). Springer Gabler.

Harwardt, M., & Köhler, M. (2023). *Künstliche Intelligenz entlang der Customer Journey – Einsatzpotenziale von KI im E-Commerce*. Springer Gabler.

Heinemann, G. (2022). *Der neue Online-Handel – Geschäftsmodelle, Geschäftssysteme und Benchmarks im E-Commerce* (13. Aufl.). Springer Gabler.

Hildesheim, W., & Michelsen, D. (2019). Künstliche Intelligenz im Jahr 2018 – Aktueller Stand von branchenübergreifenden KI-Lösungen: Was ist möglich? Was nicht? Beispiele und Empfehlungen. In P. Buxmann & H. Schmidt (Hrsg.), *Künstliche Intelligenz. Mit Algorithmen zum wirtschaftlichen Erfolg* (S. 119–142). Springer Berlin Heidelberg.

Hofmann, J. (2018). Ausgewählte Technologische Grundlagen. In L. Fend & J. Hofmann (Hrsg.), *Digitalisierung in Industrie-, Handels- und Dienstleistungsunternehmen. Konzepte – Lösungen – Beispiele* (S. 3–28.). Springer Gabler.
Homburg, C., Jozić, D., & Kuehnl, C. (2017). Customer experience management: Toward implementing an evolving marketing concept. *Journal of the Academy of Marketing Science, 45*(3), 377–401.
Hopf, G. (2021). *Social-Media-Kommunikation entlang der Customer Journey – Die Kommunikation durch den Einsatz einfacher, zielgenauer Kennzahlen erfolgsorientiert ausrichten.* Springer Gabler.
Jacobsen, J., & Meyer, L. (2022). *Usability und UX – Was alle wissen sollten, die Websites und Apps entwickeln* (3. Aufl.). Rheinwerk.
Johanning, V. (2019). *IT-Strategie – Die IT für die digitale Transformation in der Industrie fit machen* (2. Aufl.). Springer Vieweg.
Jüngling, T. (2013). Datenvolumen verdoppelt sich alle zwei Jahre. https://www.welt.de/wirtschaft/webwelt/article118099520/Datenvolumen-verdoppelt-sich-alle-zwei-Jahre.html. Zugegriffen: 16. Nov. 2023.
Kaune, A., Glaubke, N., & Hempel, T. (2021). *Change Management und Agilität – Aktuelle Herausforderungen in der VUCA-Welt.* Springer Gabler.
Kirchem, S., & Waack, J. (2021). *Personas entwickeln für Marketing, Vertrieb und Kommunikation – Grundlagen, Konzept und praktische Umsetzung.* Springer Gabler.
Kollmann, T., & Schmidt, H. (2016). *Deutschland 4.0. Wie die digitale Transformation gelingt.* Springer Gabler.
Kotler, P., Keller, K. L., & Opresnik, M. O. (2017). *Marketing-Management: Konzepte – Instrumente – Unternehmensfallstudien* (17. Aufl.). Pearson.
Krämer, A., Kalka, R., & Merkle, W. (2023). Die Relevanz, Ausrichtung und Organisation des Marketings in Theorie und Praxis unter veränderten Rahmenbedingungen. In A. Krämer, R. Kalka, & W. Merkle (Hrsg.), *Stamkundenbindung versus Neukundengewinnung – Marketing und Vertrieb im Spannungsfeld von Hunting und Farming* (S. 3–26). Springer Gabler.
Kreutzer, R. T. (2021a). *Online-Marketing* (3. Aufl.). Springer Gabler.
Kreutzer, R. T. (2021b). *Praxisorientiertes Online-Marketing: Konzepte – Instrumente – Checklisten* (4. Aufl.). Gabler.
Kreutzer, R. T. (2022). *Praxisorientiertes Online-Marketing: Grundlagen – Instrumente – Fallbeispiele* (6. Aufl.). Gabler.
Kreutzer, R.-T., Neugebauer, T., & Pattloch, A. (2017). *Digital Business Leadership: Digitale Transformation – Geschäftsmodell-Innovation – Agile Organisation – Change Management.* Springer Gabler.

Krueger, J. (2015). Omnichannel shoppers: An emerging retail reality. https://www.thinkwithgoogle.com/intl/en-gb/consumer-insights/consumer-journey/Omnichannel-shoppers-an-emerging-retail-reality/. Zugegriffen: 16. Nov. 2023.

Kruse Brandão, T., & Wolfram, G. (2018). *Digital Connection: Die bessere Customer Journey mit smarten Technologien – Strategie und Praxisbeispiele.* Springer Gabler.

Laber, C. (2022). Gamification: Spielend einfach lernen. *Wirtschaftsinformatik & Management, 14*(4), 232–237.

Lauer, T. (2019). *Change Management – Grundlagen und Erfolgsfaktoren* (3. Aufl.). Springer Gabler.

Lebrenz, C. (2017). *Strategie und Personalmanagement Konzepte und Instrumente zur Umsetzung im Unternehmen.* Springer Gabler.

Lecinski, J. (2011). *ZMOT – Winning the zero moment of truth.* Google Inc.

Leimeister, J. M. (2021). *Einführung in die Wirtschaftsinformatik* (11. Aufl.). Springer Gabler.

Lemon, K. N., & Verhoef, P. C. (2016). Understanding customer experience throughout the customer journey. *Journal of Marketing, 80*(6), 69–96.

marktforschung.de. (2009). Potenzialanalyse Kostenmanagement: Wo Kunden am meisten kosten. https://www.marktforschung.de/marktforschung/a/potenzialanalyse-kostenmanagement-wo-kunden-am-meisten-kosten/. Zugegriffen: 16. Nov. 2023.

McGlynn, M., & Colan, K. (2017). *Create continuous customer experiences – The secret of getting omni channel right.* Accenture.

Meffert, H., Burmann, C., Kirchgeorg, M., & Eisenbeiß, M. (2019). *Marketing: Grundlagen marktorientierter Unternehmensführung Konzepte – Instrumente – Praxisbeispiele* (13. Aufl.). Springer Gabler.

Mehn, A., & Wirtz, V. (2018). Stand der Forschung – Entwicklung von Omnichannel-Strategien als Antwort auf neues Konsumentenverhalten. In I. Böckenholt, A. Mehn, & A. Westermann (Hrsg.), *Konzepte und Strategien für Omnichannel-Exzellenz* (S. 3–35). Springer Gabler.

Nikodemus, P. (2017). *Lernprozessorientiertes Wissensmanagement und kooperatives Lernen – Konfiguration und Koordination der Prozesse.* Springer Gabler.

Oswald, G., Soto Stezke, D., Riasanow, T., & Krcmar, H. (2018). Technologietrends in der digitalen Transformation. In G. Oswald, & H. Krcmar (Hrsg.), *Digitale Transformation. Fallbeispiele und Branchenanalysen* (S. 11–34). Springer Gabler.

Padberg, J. (2020). Connected Car – Connected Customer: Die Automobilindustrie entdeckt den direkten Kundenkontakt. In M. Stadelmann, M. Pufahl, & D.-D. Laux (Hrsg.), *CRM goes digital: Digitale kundenschnittstellen in Marketing, Vertrieb und Service exzellent gestalten und nutzen* (S. 181–198). Springer Gabler.
Paul, J. (2015). *Praxisorientierte Einführung in die Allgemeine Betriebswirtschaftslehre* (3. Aufl.). Springer Gabler.
PricewaterhouseCoopers. (2018). *Kunden begeistern – vom Einkauf zum Erlebnis*. PricewaterhouseCoopers.
Reinhardt, K. (2020). *Digitale Transformation der Organisation – Grundlagen, Praktiken und Praxisbeispiele der digitalen Unternehmensentwicklung*. Springer Gabler.
Research and Markets. (2022). Omnichannel retail solutions market share, size, trends, industry analysis report, by offering; by solution; by services; by region; segment forecast, 2022–2030. https://www.researchandmarkets.com/report/Omnichannel-retailing. Zugegriffen: 27. Okt. 2023.
Richter, C. (2021). *E-Commerce trends in China – Social commerce, livestreaming oder new retail*. Springer Gabler.
Scandit. (2022). *The future of store operations – EMEA retail leaders forecast future technology trends*. Schweiz.
Schmitz, S. (2022). *Systemisches Coaching als Erfolgsfaktor im Change Management – Eine empirische Untersuchung zur Darstellung wirksamer Interventionen*. Springer Gabler.
Schweizer, M., & Riedel, S. (2022). Herausforderungen von Omni-Channel-Strategien im Einzelhandel. In K. Butzer-Strothmann (Hrsg.), *Integriertes Online- und Offline-Channel-Marketing* (S. 53–77). Springer Gabler.
Shopgate. (2023). *Retail reality 2023*. Shopgate.
Silbermann, S. (2018). *Kundenbindung der Zielgruppe 50plus im Internethandel – Kausalmodell unter Berücksichtigung von Alterseffekten*. Springer Gabler.
Sopadjieva, E., Dholakia, U. M., & Benjamin, B. (2017). Customer experience – A study of 46,000 shoppers shows that omnichannel retailing works. https://hbr.org/2017/01/a-study-of-46000-shoppers-shows-that-omnichannel-retailing-works/. Zugegriffen: 16. Nov. 2023.
Statista. (2023). Anteil der Smartphone-Nutzer* in Deutschland in den Jahren 2012 bis 2022 und Prognose bis 2027. https://de.statista.com/statistik/daten/studie/585883/umfrage/anteil-der-smartphone-nutzer-in-deutschland/. Zugegriffen: 16. Nov. 2023.

Thommen, J.-P., Achleitner, A.-K., Gilbert, D. U., Hachmeister, D., Jarchow, S., & Kaiser, G. (2023). *Allgemeine Betriebswirtschaftslehre – Umfassende Einführung aus managementorientierter Sicht* (10. Aufl.). Springer Gabler.

Töpfer, A. (2020). *Strategische Positionierung und Kundenzufriedenheit: Anforderungen – Umsetzung – Praxisbeispiele*. Springer Gabler.

Toth, A. (2014). *Die Beziehung zwischen Einkaufserlebnis und Preiszufriedenheit – Eine Studie im Handel*. Springer Gabler.

Urbach, N., & Ahlemann, F. (2016). *IT-Management im Zeitalter der Digitalisierung. Auf dem Weg zur IT-Organisation der Zukunft*. Springer Gabler.

Weinreich, U. (2016). *Lean Digitization. Digitale Transformation durch agiles Management*. Springer Gabler.

Wildbihler, M., Stelzer, B., Schiebel, E., & Brecht, L. (2017). Internet der Dinge. In D. Schallmo, A. Rusnjak, J. Anzengruber, T., Werani, & M. Jünger (Hrsg.), *Digitale Transformation von Geschäftsmodellen. Grundlagen, Instrumente und Best Practices* (S. 311–331). Springer Gabler.

Wirtz, B. W. (2020). *Electronic business* (7. Aufl.). Gabler.

Wirtz, B. W. (2022). *Multi-Channel-Marketing: Grundlagen – Instrumente – Prozesse* (3. Aufl.). Springer Gabler.

Wolny, J., & Charoensuksai, N. (2014). Mapping customer journeys in multichannel decision-making. *Journal of Direct, Data and Digital Marketing Practice, 15*(4), 317–326.

Zöller, S. (2019). *Ja zur Digitalisierung! Mit der richtigen Einstellung die Zukunftsfähigkeit des Unternehmens sichern*. Springer Gabler.

Zuckarelli, J. L. (2021). *Programmieren lernen mit Python und JavaScript – Eine praxisorientierte Einführung für Einsteiger*. Springer Vieweg.

Made in the USA
Monee, IL
03 May 2026

49438554R00075